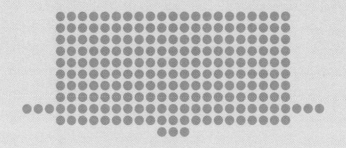

通常学級における
新たな学校改善術

特別支援教育からのアプローチ

学苑社　　　大石幸二 ［編著］　花生典幸 ［著］

はじめに

　2007年に特別支援教育がスタートしてから、15年が経過しました。この間、優れた教師や学校長がたくさん現れ、幼児・児童生徒の育ちと学びを支えるために、数多くの先駆的な実践が蓄積されました。家庭や地域、関係機関との連携も進められ、発達に心配がある乳幼児の早期支援はもとより、行動・情緒面の困難さや学習面のつまずきを示す児童生徒・学生の修学支援も重層的に行われています。教師一人一人の意識改革も、15年前とは比べものにならないくらい進みました。

　しかしながら、課題はなお現前しています。この課題のうち、本書では通常学級における特別支援教育、インクルーシブ教育の推進を念頭に置いて、「全校を挙げて取り組むことができるきめ細やかな実践」に関する展望と実践上の具体的な提案を示しています。教師が変わり、教師を支える学校体制が変わり、幼児・児童生徒が変わり、そのための後方支援体制が変わり、教育行政システムや地域・社会が変わることが学校改善の理論と関わっています。故に、これらの変容が期待される各場面・各エージェントについて、15章の手短な原稿の中で簡潔に記されています。そして、本書の行間を埋めるような創造的な実践を全国各地で進めることにより、学校改善の大きな目標達成につながっていくと考えられます。本書を手に取られた多くの先生方との共同作業により、今後のインクルーシブな学校、社会を切り拓いていきたいと思います。

　この共同作業を進める上で集団や組織のマネジメントを扱う知見が役に立ちます。その代表が組織行動マネジメントです。組織行動マネジメントは、個人の行動が集団や組織に及ぼす肯定的な影響を最大限に高めようとする方法です。その際に用いられる技術は、パフォーマンス・フィードバックです。本書を通じて私たちは、教師のかけがえのない教育実践に対してパフォーマンス・フィードバックをしようと考えました。それは、学校という場でこそ、組織行動マネジメントの考え方が活かせると考えているからに他なりません。しかし、その導入や応用がごく一部に留まっていることには、不十分さを感じています。本書は、この不十分さを補って余りあるものです。

　本書は、大きく３部から構成されています。第Ⅰ部では「学校改善を引き起

こす理論と教育実践の考え方」として、理論背景（第1章）、国際動向（第2章）、リーダーシップ（第3章）、教員養成（第4章）、ソーシャル・インクルージョン（第5章）を説明しています。第1〜5章を通じて、学校改善を引き起こすための教育実践について確認していただきたいと思います。第Ⅱ部では「学校改善を引き起こす具体的な実践とその課題」として、学校経営（第6章）、組織運営（第7章）、学校研究（第8章）、共同研究（第9章）、教師の省察（第10章）を説明しています。第6〜10章では、グッド・プラクティスとして具体的な実践を説明していますので、本書を手に取られた先生方ご自身の実践や自校の取り組みと比較対照ができます。第Ⅲ部では「学校改善を引き起こすために使える素材とその活用」として、学校だより（第11章）、事例検討会議（第12章）、巡回相談（第13章）、学校長像（第14章）、理論構築の課題（第15章）を説明しています。第11〜15章では、さまざまなツール（活用できる素材）を示しながら、その背景にある考え方や解決指向の取り組みの例について確認していただくとともに、今後の新たな理論構築に向けた展望を共有していただきたいと思います。

　皆が互いの良さを認め合いながら、共に学び、新たな価値創造を行うことができる特別支援教育、インクルーシブ教育は、新たな段階に移行しつつあります。今後、従来の学校の形や教育の姿が変化するかもしれません。そのような中で、学校を良くしよう、子どもたちの幸福追求に寄与しようという姿勢は、変わらず維持されることでしょう。そして、学校のもつ価値や機能拡充のために、学校改善の理論は絶えずアップデートされ、教室における実践の変革を牽引し続けるに違いありません。

　最後に、本書を世に送り出すことを可能にして下さり、細部まできめ細やかに点検し、ご助言下さった学苑社の杉本哲也氏に心より感謝を申し上げます。杉本氏の特別支援教育に対する思いは並々ならぬもので、執筆者一同大いに刺激を受けました。この場を借りて御礼申し上げます。

　また、本書を執筆・編集するにあたっては、これまで出会った多くの優れた先生方の顔を思い浮かべておりました。これらのお一人お一人にも感謝を申し上げたいと思います。

著者を代表して　大石幸二

目　次

はじめに　1

第I部　学校改善を引き起こす理論と教育実践の考え方

第1章 学校改善を引き起こす理論の検討 ……………………………… 大石　幸二　**8**
 1　学校改善の要となる学び続ける教師の姿　9
 2　教室における児童生徒と教師の相互作用　10
 3　教室での相互作用における教師へのパフォーマンスフィードバック　13
 4　学校改善を引き起こす組織行動マネジメントの理論の必要性　15

第2章 国際的視野から見た特別支援教育の展望 ………………………… 山内　信重　**17**
 1　ニーズに基づいた教育サービスの提供
　　──エジプトのノンフォーマル（制度外）教育に学ぶ　18
 2　インクルーシブ教育は何を目指しているのか？──モンゴルの現状から学ぶ　24
 3　社会情勢に翻弄される特別支援教育──ミャンマーの知的障害支援学校から学ぶ　27
 4　各国の実践から日本が学ぶこと　30

第3章 学校長のリーダーシップと特別支援教育の推進 ……………………大石　幸二　**32**
 1　リーダーシップと学校長の役割　33
 2　学校のパフォーマンス向上と学校長の役割　35
 3　特別支援教育を推進するための学校マネジメントと学校長の役割　38

第4章 教職大学院に求められる役割と今後の教員養成の課題 ………… 須藤　邦彦　**41**
 1　教職大学院の役割と実態　42
 2　特別支援教育における理論と実践の往還　43
 3　行動（学校）コンサルテーションと組織へのアプローチ　44
 4　教職大学院の今後の教員養成に向けて　47

第5章 学校を起点とする社会的インクルージョン ……………………… 大石　幸二　**50**
 1　インクルーシブ教育の背景　51
 2　学校を起点とするインクルージョン　52
 3　同じ場で、共に学ぶことができる教室における指導実践　54
 4　学校を起点とするインクルージョンで大切にしたいこと　56

第II部　学校改善を引き起こす具体的な実践とその課題

第6章 学校改善を見据えた学校経営 ……………………………… 花生　典幸　**60**

1　学校経営方針は「長い航海のための羅針盤」に喩えることができる　61

2　学校経営方針を具現化するために
　　──ミッション（使命感）・パッション（情熱）・ハイテンション（本気）　65

3　「キャリア教育の推進」と家庭との協働　66

4　学校カルテ「のびゆくちぐさの子」を活用した情報交換・共通理解　67

第7章 学校経営の一翼を担う教師と組織の働き ………………… 吹越　文代　**69**

1　実践を支える視座　70

2　安全欲求（第2段階）の充足──安心して働ける場としての認識　71

3　所属の欲求（第3段階）の充足──信頼感の自覚　73

4　承認欲求（第4段階）の充足──肯定的な手応え　74

5　実践を支える意識　76

第8章 学校改善のための学校研究の展開 ……………………………… 花生　典幸　**78**

1　学校長が行う実践的研究活動としての講話　79

2　学校長の講話が子どものこころに及ぼす影響　80

3　「校長講話」は、学校長にとっての「研究授業」　81

4　子どもの"こころに灯をともす"講話を目指して　82

第9章 学校改善のための共同研究 ……………………… 坂本　真季・和田　恵　**87**

1　共同研究とは　88

2　共同研究実施の流れ　89

3　研究計画と教育現場の実情との調整　91

4　実践と研究の往還を実現する学校支援プロジェクト　92

第10章 教師の感受性と省察を高める工夫 ……………………………… 大石　幸二　**95**

1　特別支援教育に関する理解と専門性の向上　96

2　教師の専門性を高めるための実践のサイクル　97

3　実践改善の取り組みを円滑に進めるための十分条件の保障　100

4　教師の感受性と省察を高める　101

第III部　学校改善を引き起こすために使える素材とその活用

第11章 学校発信のツールとしての学校だより ……………………… 花生　典幸　**106**

1　学校だよりの「巻頭言」に託す学校長の思い　107

2　子育て支援を目指した学校だよりの「巻頭言」　108

3　子どもたちの力の伸びや努力を保護者に伝える学校だよりの「巻頭言」　111

4　先生の意識（足並み）をそろえる学校だよりの「巻頭言」　111

第12章 学校で進める事例検討会議 ……………………………………… 矢野　善教　**113**

1　学校における事例検討会議の在り方　114

2　外部専門家による事例検討会議　116

3　事例検討会議による副次的効果　119

4　今後の事例検討会議の在り方　120

第13章 学校改善を支える巡回相談の在り方…………………………… 野口　和也　**123**

1　巡回相談の今　124

2　校内支援体制へのアプローチの必要性　124

3　学校改善を支えるコンサルテーション　126

4　学校、教師の変容を支える巡回相談員の在り方　128

第14章 新たな時代に求められる学校長像 ………………………………… 花生　典幸　**133**

1　〈分断〉と〈停滞〉を乗り越える　134

2　〈システム＝共通の土台〉をつくる／学校全体の仕組みや取り組みにしていく　135

3　学校長に課せられた最大のミッション……「決断」すること　140

第15章 新たな学校改善理論の構築に向けて …………………………… 大石　幸二　**142**

1　学校でのパフォーマンスフィードバックのさらなる活用　143

2　パフォーマンスフィードバック研究の到達点　144

3　今後の学校改善に向けた提案　147

第 **I** 部

学校改善を引き起こす
理論と教育実践の考え方

第 1 章

学校改善を引き起こす
理論の検討

大石幸二

学校は、学び続ける組織です。教師には学び続けることが求められ、それは教師の理想的な姿とされてきました。学校で生じる諸課題を解決するために、教師が学び続けることができる環境を整える必要があります。教師の学びが円滑に生じるための環境を整えるために、パフォーマンスフィードバックを用いることができます。教師の学びは、学校改善を引き起こす基盤となるのです。

1　学校改善の要となる学び続ける教師の姿

　学校は、学び続ける組織です。学びとは、経験により行動が変容するプロセスのことを言います。ですから、教師や集団・組織が学び続けるならば、自ら変容を遂げることができ、学校改善の達成に近づけることができるのです。Greer（1997）は、教師が教育方法を工夫し、その効果的な運用を長期間にわたって維持することにより学校改善を実現できると述べています。そのためにも、教師には学び続けることが求められます。このような教師の学びを補強するシステムは、外的なフィードバックです。この外的なフィードバックは、学校パフォーマンスフィードバック・システム（School Performance Feedback Systems: SPFSs）と呼ばれています（Visscher & Coe, 2002）。SPFSs は、教師が学び続けることができるために必要不可欠なシステムなのです。

　学び続ける教師の姿という考え方は、教師の在り方の理想型として繰り返し説明されてきました。たとえば、教育基本法（第9条）において「絶えず研究と修養に励み、その職責の遂行に努めなければならない」とされており、教育公務員特例法（第21条）において「絶えず研究と修養に努めなければならない」とされています。このような法律の規定を根拠としながら、答申や通知の中で「教職生涯を通じて探究心を持ちつつ自律的かつ継続的に新しい知識・技能を学び続け（ること）」（令和の「日本型学校教育」の構築を目指して）や「変化を前向きに受け止め、探究心を持ちつつ自律的に学ぶという教師の主体的な姿勢」（教員免許更新制小委員会）が、今日なお重視されているのです。このように学び続ける教師の姿が重視され続けるのは、教師が幼児・児童生徒（・学生）のロールモデルとなることが期待されているからに他なりません。

　そして、これを実現するため「新たな学びに参加しやすくなるような環境整備、業務の調整等を、任命権者等あるいは学校管理職が積極的に講じること」が求められています（教員免許更新制小委員会）。前記の環境整備や調整を具体的に説明している仕掛けが、Visscher & Coe（2002）の SPFSs なのです。

　ところで、パフォーマンスフィードバックとは何でしょう。Alvero et al.（2001）は、将来の行動（取り組み）を誘発するプロンプトであると述べています。プロンプトというのは、行動を支えその出現を助ける援助や手がかり

のことです。また、望ましい行動（取り組み）を促進するような強化子であるとも述べています。強化子というのは、行動の出現頻度を高めたり、行動の強度を確実なものにしたりする結果のことです。ですから、教師の学びに対するパフォーマンスフィードバックというのは、教師が新たな実践（知識・技能の修得を含む）を追求する中で行う学びが、その後も長期間にわたって維持されるような手がかりや結果のことです。したがって、成功裏にパフォーマンスフィードバックを行うことができれば、学び続ける教師の姿が実現されやすくなるはずです。それでは、教師が新たな実践を行い、そのために学ぶことを誘発し、長期間維持するようなパフォーマンスフィードバックは、各学校においてどのように整えられているでしょうか。

2　教室における児童生徒と教師の相互作用

　教師が校内で生じる教育実践上の諸課題を解決するために、学び続けることができる環境を整えることは重要です。そのような学びの支援環境がなければ、教師の学びを誘発し、長期間その学びを誘発することができません。学校（教室）において、教師は幼児・児童生徒（・学生）と相互作用を行い、これを通じて彼らの学びと育ちに貢献しています。ですから、教師の学びを支える環境すなわち学校パフォーマンスフィードバックを考える上で、教室での相互作用を分析対象とすることの利益は大きいはずです。その場合、まずは幼児・児童生徒（・学生）の学びと育ちを中心に据え、続いてその学びと育ちに関連する行動のきっかけ・手がかりとなる教師の行動（取り組み）と、その学びと育ちに関連する行動を補強・拡充するような教師の行動（取り組み）に着目すると良いと思われます。それでは早速、学校における教師へのパフォーマンスフィードバックを、教室での相互作用を例にとって説明してみましょう（図1-1 参照）。

　学校では、授業内の時間や授業外の時間を通じて、多様な教育活動が展開されています。放課後にも、委員会やクラブ活動を含む取り組みが行われており、子どもばかりでなく、家庭や地域への働き掛けや協働まで含めると、その教育活動は、本当に多岐にわたっています。ここでは、教室で行われる実践のうち、教科や領域の特性の影響を受けにくい共通部分を取り上げて説明します。

　まず、教室での相互作用の中心となる幼児・児童生徒（・学生）の学びと育

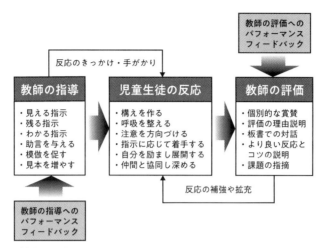

図1-1　教室での相互作用における教師へのパフォーマンスフィードバック

ちについてです。図1-1では、児童生徒の反応として示してあります。児童
生徒が教室における教育活動から恩恵を受けるためには、提示された教材や言
葉を受け止めようとする心的構えが必要になります。この構えは、活動の見通
しという用語に置き換えられるかもしれません。そして、呼吸を整え冷静な心
持ちを保つことで、見逃しや誤解を減じることができます。そうすると、教師
が示す教材や言葉に意識や注意を傾けやすくなるでしょう。もちろん、仲間の
発言や振る舞いにも気づきやすくなるに違いありません。舞い上がってしまっ
たり、苛立ちを強く覚えて見通しが雲散霧消し、緊張と動揺で呼吸が整わず、
注意散漫になって出来事をありありと捉えられなくなったりすれば、教師の指
導や仲間の見本は、それとしての意味を失ってしまいます。これらの構え・呼
吸・注意を前提として、初めて指示を捉えて課題に取りかかったり、次にしな
ければいけないことを明確にして手がかりを探したり、仲間の振る舞いを参照
したり助言を得たりして、活動を維持・展開させることができます。そして、
教師は児童生徒のこのような学びつつ育つ姿に対して、効果的な行動（取り組
み）を行うことになります。それが図1-1中の教師の指導と評価になります。
　教師の指導は、児童生徒の反応のきっかけ・手がかりとなる行動（取り組み）
を意味します。上記の児童生徒のさまざまな反応を引き起こすために、教師の

指示は明確である必要があります。たとえば、言葉による指示はすぐに消えてなくなってしまいますが、黒板に文字やイラストで示される指示は教師が消すまで残り続けます。教室の中に、構えを作り、呼吸を整え、注意を傾けるまで少し時間がかかる子どもがいる場合に、このような見えて、残る指示は大きな助けとなり、反応のきっかけ・手がかりとして機能します。機能するというのは、生きて役に立つという意味です。教師が見えて、残る指示を出したとしてしなければいけないことを意識化できたけれども、自分自身で発動できるスキルと結びつかない子どもが居るかもしれません。そのような場合、教師がコツを知らせたり、手順を示したり、見本を示して子どものイメージ化を助けることができます。このような指示をわかりやすく、子どもに個別化された助言を与えることにより、着手の難しい子どもを支え、励ますことができるでしょう。さらに、着手した子どもが課題従事の過程で活動を停滞させ、手が止まってしまうということがあるかもしれません。そのような場合、手順の段階化はすでに行っていますので、子どもが先行する自分自身の行動が次なる一手を生み出せずにいることを示唆しているでしょう。この場合、教師が声掛けを重ねると、言葉や言語指示から回避的になることが懸念されます。そこで教師は、机間指導により個別支援を行ったり、教室内の適切な行動見本を示して、その模倣を教室全体に求める取り組みを進めることがあるかもしれません。このように、教師は触覚・視覚・聴覚などさまざまな様態の刺激を駆使し、個別・小集団・教室全体という規模を調整して、さらに単一の反応・連続的な反応・行動の連鎖などを切り替えながら、児童生徒の反応のきっかけ・手がかりを提示する工夫を行います。

　一方、教師の評価は、児童生徒の反応（Spontaneous Behavior）の補強・拡充を達成するような行動（取り組み）を意味します。児童生徒の反応に対する教師の指導が事前の取り組み（Antecedent Stimuli）であるのに対して、教師の評価は事後の取り組み（Consequent Stimuli）になります。つまり、少なくとも児童生徒の反応が自発されなければ、教師の評価の取り組みは十分な機能を発揮し（意味をもた）ないことになります。しかし、まだ安定していない児童生徒の芽生え反応を強く動機づけ、その後の生起確率を高める上で、教師の評価は極めて重要な役割を果たすのです。なお、生起確率というのは、反応の

起こりやすさのことを意味します。図 1-1 に示したように、児童生徒が教室の授業場面で聴く構えを作り、呼吸を整えて提示される教材や指示に注意を傾け、教師の指示に対して直ちに着手するような反応を示したなら、教師は賞賛せずにはいられないでしょう。そのような態度や行動を示す児童生徒集団も素晴らしいと思いますが、ようやくそのような反応を獲得しつつある子どもに、教師は個別に接近して、その反応の意味や価値を手短かに説明するかもしれません。そのことにより、個別的に賞賛され、理由説明を受けた子どもは、その後ますます課題への着手を円滑に行うようになる可能性があります。また、教師は児童生徒の自発的な発言に対して、それを上手に補いながら、板書に反応の痕跡を残す取り組みをするかもしれません。この痕跡は反応産物（所産）と言われるもので、教師が児童生徒の反応を受け止めたことを明示する有力な手段となります。もしも、この取り組みを日頃発話量が少なく、自己表現の乏しい子どもの反応について、さり気なく教師が取り組んだら、その後の子どもの反応は十分に強められるかもしれません。こうして次第に、板書を通じて教室内での対話が深まっていき、新たな気づきが教室内で共有されていくのです。すると、教師はこれまでにはあまり観察されることのなかった児童生徒の反応を拾い出して、それを教室で学び、ともに育ち合う子どもたちが共有するための言語的なフィードバックを行うようになるかもしれません。そして、何に注意して、どのように行えば、学びを深め、それを応用できるかを語り、全ての児童生徒をさらなる学びへと誘導することができるでしょう。このように多層的な評価を、教室で学び育ち合う児童生徒の実態に応じて実施することにより、児童生徒の反応を喚起し、促進・維持し、さらに自律化するための取り組みを行うことになります。

3　教室での相互作用における教師へのパフォーマンスフィードバック

　教室における児童生徒と教師の相互作用の分析の先に、SPFSs の問題の核心があります。つまり、学校パフォーマンスフィードバックを効果的に設定し、教師の学び（すなわち、日々の教育実践の経験を通じて達成される行動［取り組み］の変容が生じるプロセス）が円滑に生じるための環境を設定することが問題と

なります。したがって、図 1-1 に示した児童生徒と教師の相互作用がより高いレベルで成立するためのパフォーマンスフィードバックを行うことが求められるというわけです。教師へのパフォーマンスフィードバックは、教師の事前の取り組みである指導と、教師の事後の取り組みである評価とに、主に向けられることになります。そして、これらのフィードバックは観察事実を基盤とする証拠に基づいて行われる必要があります。

　実際、近年発表された教師へのパフォーマンスフィードバックに関する実証研究論文のレビュー（Royer et al., 2019; Schles & Robertson, 2019）によると、上記の教師の指導に挙げた事例と教師の評価に挙げた事例は、1960〜2010年代の教室での相互作用において観察すべき典型的な行動であることがわかりました。その上で、Royer et al.（2019）は、観察事実を基盤とする証拠に基づいて行われた教師の取り組み（計 12 編）のうち、児童生徒の課題従事を引き出す明確な指示やデモンストレーション、また課題従事が生じたことに対する言語賞賛やポジティブなコメントは、パフォーマンスフィードバックの対象として重要であることを指摘しています。また、Schles & Robertson（2019）は、幼稚園から高等学校までの代表的な論文 5 編を調査した結果、明確な課題の指示、見本提示を含む効果的な教授、児童生徒の発話の拡張、指示に対する応答行動への強化子の準備、随伴模倣（幼児に特異的）、言語賞賛をパフォーマンスフィードバックの対象として重要であることを指摘しています。

　個々の教師に対する個別のパフォーマンスフィードバックを行う場合には、行動ケースコンサルテーションの考え方と技術が応用できるでしょう。しかし、学校改善を引き起こすことを考えると、行動組織コンサルテーションないしは組織行動マネジメントの考え方と技術を用いる必要があると思われます。第 1 章の最後の節では、組織行動マネジメントの理論を学校改善に生かすことを検討しみたいと思います。

4　学校改善を引き起こす組織行動マネジメントの理論の必要性

　わが国の公立学校において読み書き・読解（平井他，2011）や英語学習（猫田他，2020）、数理的な見方・数理的思考（末廣・大守，2021）につまずきを示す児童生徒は、一定数に上ることが明らかにされています。ところが、現状ではこれらの児童生徒の学習面のつまずきへのアプローチは、その多くが個別支援の実践例の提示に留まっています（末廣・大守，2021）。効果的な学習環境を築くためには、教師が教室で活用できる、持続的な学校改善の理論が必要となります。ところが、そのような学校改善の理論は今のところ精緻化されておらず、教師・学校・地域間の格差は温存されたままです。このことは、行動情緒面の二次的障害のリスクを高める懸念があるため、放置しておくわけにはいきません（松村，2016）。そこで、パフォーマンスフィードバックを含む現場の経験が教師の専門職能向上に与える影響を評価し、それにより効果的な学習環境が築かれるかを確認する必要があります。その妥当性は、Fuchs & Fuchs (1986) が 96 件の実証研究データを対象として実施したメタ分析からも裏づけられると考えられます。このうち、24 件（25.0％）は特別な教育的ニーズのある子どもを含む教室での実践において行われたものでした。すなわち、特別支援教育の対象児を含む学級集団に教師が専門性に基づく配慮を行った場合の効果量は、行動情緒・学習両面において 0.7 を上回り（最大値は 1.0）、配慮が十分でない場合の値 0.4 をはるかに凌いでいました。したがって、効果的な学習環境を築く上で、パフォーマンスフィードバックは肯定的な影響を及ぼしそうです。けれども、児童生徒の学力向上へのパフォーマンスフィードバックの効果は局所的・限定的なものに留まるという指摘もあります（Bangert-Drowns et al., 1991）。Bangert-Drowns et al. (1991) は、40 件の実証研究論文を対象とするメタ分析を行いました。その結果、教師の授業改善に及ぼすパフォーマンスフィードバックの効果は高かったものの、児童生徒の学業成績への影響は一貫していませんでした（効果量が 0.4 〜 0.7）。よって、この点については、今後より一層精緻な分析が必要となります。

引用文献

Alvero, A. M., Bucklin, B. R., & Austin, J. (2001) An objective review of the effectiveness and essential characteristics of performance feedback in organizational settings (1985-1998). *Journal of Organizational Behavior Management, 21*, 3-29.

Bangert-Drowns, R. L., Kulik, C. C., Kulik, J. A., & Morgan, M. (1991) The instructional effect of feedback in test-like events. *Review of Educational Research, 61*, 213-238.

Visscher, A. J., & Coe, R. (2002) *School improvement through performance feedback*. Lisse: Swets & Zeitlinger Publishers, i-xix.

Fuchs, L. S., & Fuchs, D. (1986) Effects of systematic formative evaluation: A mete-analysis. *Exceptional Children, 53*, 199-208.

Greer, R. D. (1997) The comprehensive application of bahavior analysis to schooling (CABAS). *Behavior and Social Issues, 7*, 59-63.

平井みどり・高倉稔恵・納富恵子・中山健（2011）通常の学級でできる「読み」のインフォーマルアセスメント―COGENT プログラムの考え方を踏まえて―．福岡教育大学附属特別支援教育センター・研究紀要，**3**, 87-98.

松村茂治（2016）これからの教師支援について．明治学院大学心理学部附属研究所年報，**9**, 31-41.

猫田英伸・大谷みどり・鎌田真由美・川谷のり子（2020）英語初学者の読み書きの困難さの原因を探る―簡易アセスメントの開発―．全国英語教育学会紀要，**31**, 255-269.

Royer, D. J., Lane, K. L., Dunlap, K. D., & Ennis, R. P. (2019) A systematic review of teacher-delivered behavior-specific praise on K-12 student performance. *Remedial and Special Education, 40*, 112-128.

Schles, R. A., & Robertson, R. E. (2019) The role of performance feedback and implementation of evidence-based practices for preservice special education teacher and student outcomes: A review of the literature. *Teacher Education and Special Education, 42*, 36-48.

末廣久美子・大守伊織（2021）算数障害生徒への学習支援に関する文献レビュー．岡山大学教師教育開発センター・紀要，**11**, 293-306.

第 2 章

国際的視野から見た特別支援教育の展望

山内信重

「人々のつながり（Social Capital）」を基盤にして開設された特別支援学校の事例について、3ヵ国を取り上げて紹介します。どの国も、国の現状としては、特別支援教育の「システム・制度」を作り上げている初期段階ですが、「人々のつながり」が網の目のごとく張り巡らされており、それぞれの国が抱える問題にも目を向けながら、制度づくり・学校運営が行われています。

1　ニーズに基づいた教育サービスの提供——エジプトのノンフォーマル（制度外）教育に学ぶ

　アフリカ大陸北東部に位置するエジプト・アラブ共和国（Arab Republic of Egypt; 以下、エジプト）では、心身の障害、貧困による子どもの労働、ストリートチルドレンやホームレスの子どもたち、女子教育の制限、パレスチナ自治区（ガザ地区）から越境してくる住民やアフリカ諸国からの難民等々、さまざまな理由によって、自らの意思とは関係なく学校に通うことのできない子どもたち（6〜11歳）が約40万人います（JICA, 2016）。

　このような状況の中、エジプト国内外の非政府組織（Non-Governmental Organization: 以下NGO）は、多様な形態の運営方式によって、ノンフォーマル教育を実施してきました。住民のニーズにもとづいた教育サービスの提供と言ってよいでしょう。そして、エジプト政府は、これらNGOの活動を追従する形で、ノンフォーマル教育をインクルーシブ教育の一部として認めてきた経緯があります。

　本節では、地域の要望に応える形で設立された学びの場を一例に取り上げて、社会における学校の役割について考えることができればと思います。

　カイロ北東部のデルタ地帯（穀倉地帯）に位置するシャルキーヤ県サフール村において2009年8月「全ての子どもたちの学びの場（インクルーシブクラス）」が開設されました。このインクルーシブクラスは、障害のあるなしに関わらず、さまざまな理由で既存の学校に通えない子どもたちが通うことのできる村民設立による約200平方メートルほどの小規模な学びの場です。立ち上げの時期、資金面並びに人材面のサポートは、日本政府が実施する政府開発援助（Official Development Assistance: ODA）の枠組みの中で、国際協力機構（Japan International Cooperation Agency: 以下JICA)・技術協力プロジェクトの一事業として実施されました。

　サフール村は人口約2万人です。カイロの北東約150キロの農村部にあります。主な産業は農業であり、小麦、米、牧草（ベルシーム）の三毛作が行われている、肥沃な土地の中にある田園風景の美しい村です。他の村や町と結ばれている一本の道路が舗装されている以外は、村内の道路は全て未舗装で、村

の中心部半径100メートルの中に村役場や診療所、小学校、電話局などが位置しており、日常生活の大半は徒歩圏内で事足ります。

インクルーシブクラスは、サフール村地域開発協会（Community Development Association: 以下CDA）の建物内に設置されました（図2-1）。この建物は、村人によって建設され、社会連帯省の出先機関であるサフール村社会福祉事務所にその一部を貸し出しています。CDAは、村人の生活向上を行うために活動を行う目的で設立された社会連帯省に認可を受けたNGO団体で、農耕期にはトラクターの貸し出しやゴミの収集活動などを実施している非営利組織です（小島，2009）。

図2-1　サフール村地域開発協会（CDA）

開設当初のインクルーシブクラスは、週3日開校しており、3〜21歳までの村内の住む障害（知的障害や肢体不自由が中心）のある児童生徒やその兄弟姉妹、近隣の子どもたちなど、何らかの理由で既存の学校に通うことができていない子たち10〜18名程度が通っていました。言葉の指導や体を使った遊びなどを中心に、児童生徒のニーズに応じた教育指導を行っていました。村人の女性4名がボランティア指導者（教員）としてクラス運営にあたり、日によって参加する児童生徒の人数には、ばらつきがありました。参加する児童生徒の人数は、農作業の繁忙期や雨季は少なく、逆に公立学校の長期休暇中は多くな

るなど季節に影響されます。

　インクルーシブクラスは、教育省管轄の公立学校ではないため月謝制で運営されています。月謝は 10 エジプトポンド（1 エジプトポンド＝約5円）ですが、支払いが困難な家庭の場合には未納でよいとなっています。一方で毎月 50 ポンドを提供している家庭もあります。月謝が未納、定額の支払い、定額以上の支払いとまちまちな背景には、「富める者が貧しき者へ施しを行う」というイスラームの教えによる相互扶助の精神が村人たちに根づいているためであると考えられるでしょう。なお、月謝の管理は CDA が行い、会計報告は児童生徒の保護者で組織する家族会（図2-2）で行われています。

図2-2　家族会での会合の様子

　設立の背景について見ていきたいと思います。教育省令第 94 号によれば、障害のある児童生徒が公立学校への就学を希望した場合、入学を認める義務があります。しかし、実際のところ、通常の公立学校には、障害のある児童生徒の特性に応じた教育指導カリキュラムは存在しません。そのような中で、公立学校で次の学年に進級するためには、障害のあるなしに関わらず、全員共通の学年末試験を受験し、合格することが求められます。障害があることで何らかの配慮がなされることはなく、全員が同じ条件で同じ試験問題の受験となります。結果として、多くの障害のある児童生徒は、さまざまな理由によって試験

に不合格となり、公立学校をドロップアウトしているのが実状です。また、サフール村や周辺の村には、徒歩で通学できる公立の特別支援学校は現在のところ設置されていません。

　このような理由から、サフール村に居住する学齢期をむかえた障害のある児童生徒の多くは教育を受けることができず、終日自宅で過ごしていました。村の実状を鑑み、村人のニーズにあわせる形でインクルーシブクラスは開設されることになったのです。

　インクルーシブクラスの1日の日課（表2-1）は、活動ごとに時間設定がなされていますが、当日登校する児童生徒の人数等によってカリキュラムや活動の時間は、しばしば変更が行われています。朝の会では、歌をうたいながら体をほぐす体操が行われています。その後、児童生徒の課題別にグループ分けを行い、言葉の時間、運動の授業へと進みます。それぞれのグループごとに文字の勉強や遊具を使った運動などが行われ、1日の最後にブロックなどの自由遊び、帰りの会で挨拶をして終了となります。

表2-1　1日の日課

時間	活動
10:00	登校
10:00–10:15	朝の会
10:15–11:00	ことばの時間
11:00–11:15	休憩・おやつ
11:15–11:45	運動の時間
11:45–12:15	遊びの時間
12:15–12:30	帰りの会
12:30	下校

　先述の通り、インクルーシブクラスは週3日開校しています。週3日のカリキュラムは、CDA、ボランティア指導者、家族会が共同で作成し、三者で合意した内容となっています。なお、CDA理事長は、村の元小学校長で、このインクルーシブクラスの統括責任者として事業管理を行っています。開設当初は、JICAの青年海外協力隊員（ソーシャルワーカー）の協力のもと、個別の支援計画の作成を行っており、クラス運営を行っている教員がその手法を学んで

いました。

　なお、クラス終了後には、児童生徒のみならず、教員やCDA職員、家族や村人なども一緒に部屋の清掃活動を行っています。学校の教室や廊下を児童生徒が掃除する習慣のないエジプトでは大変珍しい光景ですが、日本人側の提案を取り入れて継続している活動の1つです（図2-3）。

図2-3　クラス終了後の清掃活動

　先述したインクルーシブクラスの運営を下支えしている家族会の活動についても、その活動を見てみましょう。家族会は、サフール村の村内外の地域リソースを有効に活用すべく、関係各方面へ積極的なアプローチを行っています。理学療法士や薬局との協力関係を取り付けるなど具体的な活動を行い、実を結んでいます。毎週火曜日には、インクルーシブクラス終了後の時間から、家族会の会合が開かれており、児童生徒の教育指導状況をはじめ、家族会の活動内容等について検討協議を行っています。また、毎回の家族会の会合開催において議事録も作成されており、メモを取る習慣のないサフール村では極めて画期的な出来事でしょう。

　家族会では、サフール村の村内のみならず、村外も含めた啓発・広報活動を重視する動きが出始めてきました。会員自身が、インクルーシブクラスの活動等について啓発・広報担当者となって宣伝に努めており、CDAが実施する講

習会等への参加者が増えつつある状況です。また1日5回の礼拝のために人々が集まる村内のモスク（イスラム教の礼拝所）を利用した広報活動も実施しています。

　次に、今後の課題について考えてみましょう。今回のJICA技術協力プロジェクトにおいて、初期の時点で、日本とエジプト両国の関係者間で確認したことは、「エジプトで生きる障害のある人々の幸せのために協働する」という点でした。その後、サフール村のインクルーシブクラスを開設するにあたり、日本側と村人がともに定めた活動目標は、「障害のあるこどもたちとその家族の幸せのためにともに働くこと」としました（山内, 2009）。インクルーシブクラスやそれに関連する家族会の会合、地域リソースとの連携を行うさまざまな村内外での活動の最終裨益者は、障害のある子どもたちとその家族であり、彼らの幸せにつながる活動を行っていくことを関係者間で合意形成し、確認していきました。今後、インクルーシブクラスというインフォーマルな教育の場を通して、特別支援教育が村の発展に役立つ、ひいては、その地域社会の繁栄につながるという経験を、村人自身が着実に蓄積していくことが求められています。

　そして、村の必要性に応じて設置され、関係する人々が協働しながら教育を考えていくことの重要さが理解され、一人一人の子どもたちの生活形態や生活環境に配慮し、また、その子どもたちがもっている可能性が大人になったときに最大限に発揮できるよう、インクルーシブクラスにおいて適切な教育の機会を提供することも大切です。

　本節では、エジプトのシャルキーヤ県サフール村に開設されたインクルーシブクラスについて紹介しました。当該国では、心身の障害を理由とする以外にも、女子教育の制限、貧困による子どもの労働、ストリートチルドレン／ホームレスの子どもたち、パレスチナ自治区（ガザ地区）から越境してくる住民、スーダンからの難民等々、さまざまな理由によって、自らの意思とはまったく関係なく学校へ通うことのできない子どもたちが存在します。この事実は、全ての子どもたちが教育を受ける権利をあたり前のように享受することの難しさを示しています。

　また、このような社会状況の中、エジプト国内外のNGOは、これまで多様な形態の学校においてノンフォーマル教育を実施してきていることは特筆すべ

き点でしょう。エジプト政府が、これらのノンフォーマル教育をインクルーシブ教育の一部として認めている点は、大変ユニークであり、かつ必然であったのだと考えることができます。

　エジプトにおけるインクルーシブ教育が、理念として書面上に記されて終わるのではなく、これからも実効性の高い具体的行動を伴った新しい政策として、社会のニーズに合った役割を十分に果たす機能であることを切に願います。

2　インクルーシブ教育は何を目指しているのか？——モンゴルの現状から学ぶ

　モンゴル国（Mongolia: 以下モンゴル）は、ユーラシア大陸の東アジア北部に位置する共和制の国です。首都はウランバートルです。中華人民共和国とロシアという巨大な２つの国に囲まれた内陸国です。モンゴル高原の中で、ゴビ砂漠以北に位置し、人口密度が低く、自然豊かな国です。

　モンゴルでは、障害のある児童生徒の教育は国の定める特別学校で行われています。特別学校の実状について、モンゴル教育大学で心理学を専門とするProf. Mrs. Battsengel 教授（以下バッツィンゲル教授）が明るく、2008 年 6 月に行われた日本財団・NISVA 技能ボランティア海外派遣協会のヒアリング調査で筆者が担当した会談の記録（NISVA, 2008）をもとに、以下にその詳細を記します。

　バッツィンゲル教授は、言語リハビリテーションを専門とした心理学教室の主任教授です。学校現場での教員経験も豊富で、20 年ほど特別学校の教諭、校長を経験。第 55 並びに第 70 特別学校での勤務を経て、2003 年より現職に就いています。

　モンゴルでは、1990 年に資本主義経済が導入されましたが、それまでの社会主義時代の障害児教育は、知的障害特別学校を中心に発展してきました。また社会主義時代には、子どもに社会的なスキルを学ばせてこなかったと述べていました。障害のあるなしにかかわらず、「人への思いやり」と「自ら考えること」、民主化後の生活で特に大切だと思われるこれら２つの事柄について、モンゴルでは長い間、学校教育の現場で扱ってこなかったとのことでした。特に障害のある児童生徒に対しては、もどかしい教育政策が続いていたと述べて

います。障害のある児童生徒は、特別学校卒業（15 ～ 16 歳）の後、行く場所がなく、それは、「大人になったら死になさい」と言っているのも同じではないかと悩んでいたそうです。誤解を恐れずに言えば、社会が障害のある人を認めない、存在しないものとして社会が動いている、差別とか偏見といった言葉で説明することはできず、それ以前の話であり、そもそも生きていることが認められない社会だったと回想していました。

　先述した通り 1990 年に社会主義から資本主義への転換が行われたのですが、同時期に、障害児教育の分野ではインクルーシブ教育が世界の潮流となり、モンゴルもその流れの中で障害のある児童生徒を普通学校に転籍させる法案が成立し、2003 年に施行されました。しかしながら、過去の経験を全て放棄する形で当該児童生徒を普通学校で教育するには、あまりにも準備不足であり、現場の混乱は必然でした。その混乱の中で、一部の市民は私費を投じて私立の特別学校を設立したり、NGO 設営の特別学校（教室）を開設するなど、障害のある児童生徒の学びの場は多様化していったそうです。

　一方、モンゴルの現状として、バッツィンゲル教授は、障害のある児童生徒の中で在宅のままの状態が続いている人が多いと推測していました。国土が広く、遊牧民の家族を中心に学校へ通うことのできていない子どもがまだ多く存在すること、また、重度重複障害のある児童生徒は現在のモンゴルの学校では受け入れができていないことなどを、今後対策が必要な課題として挙げていました。

　第 25 特別学校（図 2-4）のドラムスレン教頭によると、障害児教育については、1990 年に、個々の児童生徒に対する特別なカリキュラムの作成が許可された（NISVA, 2011）ことが大きな転換点の 1 つになったと振り返っていました。それまでは、暗唱課題などの画一的な指導ばかりだったそうですが、この 1990 年を境に、個々の児童生徒の能力や目標について、学校としても考慮して指導するようになったそうです。その後、1995 年にインクルーシブ教育の構想が現場に導入された結果、通常の学級においても障害のある児童生徒が 2 ～ 3 名在籍することになりました。ただし障害の程度は比較的軽度だったそうです。国は、教科ごとの学習指導要領を学校に指示・指導し、各学校は、国からの指示・指導の範囲内で、独自に教育プログラムを作成（作成後、教育省

の認定が必要）、各学級は、それぞれに学級カリキュラムを作成することとなりました。

　第 25 特別学校は、1967 年に知的障害教育を開始した学校です。教員数は約 40 名、教育大学卒業の教員、専門学校卒業の教員、ロシアの大学卒業の教員が勤務しています。他の補助教員・事務等の職員は 18 名。これまでの教育カリキュラムは、旧ソ連の教育が基準とされていました。最重度／重度の障害のある児童生徒は受け入れができず、中等度までの障害のある児童生徒を受け入れてきました。現在の児童生徒数は約 250 名です。知的障害と言語障害の児童生徒が多数を占めています。2003 年に脳性まひ児を受け入れはじめました。年々、障害が重度化しているとのこと。2007 年にダウン症の親の会（モンゴルダウン症協会）が設置したダウン症を受け入れるクラスを設けました。

図 2-4　第 25 特別学校

　2004 年に教育省から障害児教育に関する学習指導要領の告示がありましたが、特別学校の全ての教員が、障害児教育に関する必要な指導法のトレーニングを受けているわけでなく、指導法についての提示がなかったため、具体的な指導方法のわからない教員には何をすればよいのかわからなかったそうです。そのため、以前から行われていた旧ソ連式の教科指導を中心とした教育を続ける他なかったそうです。すなわち、算数、国語、コンピューター、生活、人間

関係、音楽、体育、美術の教科教育を実施していたそうですが、本当にこの指導内容と方法でよいのか誰もが不安をもっていたとのことです。

3　社会情勢に翻弄される特別支援教育——ミャンマーの知的障害支援学校から学ぶ

　ミャンマー連邦共和国（Republic of the Union of Myanmar: 以下ミャンマー）は、東南アジア地域の西部に位置し、インド、バングラデシュ、中国、ラオス、タイと国境を接する国です。首都は内陸部に人工的に開発されたネピドーですが、最大の商業都市は、海へのアクセスも良い南部に位置するヤンゴンです。多様な民族と文化が共存する国であり、美しい自然と歴史的建造物が多くある国です。

　ミャンマーでは、障害の原因について、遺伝や環境の問題、ファストフードの影響などさまざまな憶測が飛び交っていますが、多くの市民は、上座部仏教の影響が大きいと信じている人が多数を占めています。つまり、前世で悪行をしたために障害になったので、現世で精進し、来世につなぐという考えが主流とのことです。その流れの中で、現状を受け入れることが自分の運命であり、現在、わが子に出来る限りのことを行うことが、自分に課せられた役割であるとされ、今、良い行いをすることが来世につながると信じられています。(NISVA, 2013)

　ヤンゴン市内にあるパラミ小児病院の会長・名誉院長である Dr. Thein Aung（ティン・アウン先生）は、小児科医として、長年小児医療に従事してきましたが、第一線の臨床現場で活躍していた頃から、まだまだ医療サービスを必要とする子どもたちに手が届かないミャンマーの実情に心痛めていました。以前から、小児医療分野における人材養成の重要性も唱えており、かつ、豊かな国を作り上げる土台とも言うべき子どもの教育について、出来る限り充実させることが肝要であると認識されていました。このような考えの中で、ご自身が60歳の退職を機に、障害のある子どもたちの教育を行うことができる支援センター（学校）設立構想を練り始められました。退職後6年の歳月が流れ、ADHDや自閉症などの発達障害への支援の必要性も痛感し、障害種別を限定せず、さまざまな障害のある子どもたちに教育を提供することを目的に、ヤン

ゴン市内にニューワールド障害児支援センター（後に、「ニューライフ支援セン
ター」に改名）を私設の特別支援学校として開設されました。同時期に、ヤン
ゴンに在住する児童精神医学に関心のある医師たちへの教育として、医学系専
門雑誌の編集出版を始め、医学と教育の両輪によって障害のある子どもたちへ
の教育支援を民間ベースで取り組みはじめました。

　2013年には、日本財団との協力により新校舎建設が実現することとなり、
新校舎（図2-5）への移転後は、新法人を設立して、学校部門を病院本体から
切り離して、独立したNPO法人として特別支援学校（ニューライフ支援センター）
運営を行い、人材養成（スタッフトレーニング）を充実させながら、障害のあ
る子どもたちへの支援サービスの拡充を行っています。

図2-5　ニューライフ支援センター新校舎

　ニューライフ支援センターの正式名称は、Therapeutic Training Centre
for Children With Special Needs であり、日本の療育センターと知的障害児
通園施設、そして知的障害児特別支援学校と知的障害者成人デイケアセンター
を統合させた役割を担っています。2007年9月に一部開業、2008年3月9
日に正式開業しました。2013年に新校舎へ全面移転を完了させました。当初
十数名の子どもたちが通う小規模な学校でしたが、新校舎移転後は、100名以
上の子どもが在籍し、約50名の教育スタッフ・事務職員で教育・支援を行っ

ています。対象となる子どもの障害は、知的発達の障害や自閉症、脳性まひ、ダウン症、言語や行動の問題などです。月曜～土曜を開校日とし、月曜～金曜までは午前の部と午後の部Ⅰ・Ⅱの三部制に分けて、多くの子どもたちが通えるように配慮しています。土曜日は午前のみの開校です。

　人材養成について、特に障害のある子どもたちへの支援サービス分野では、重要課題であると考えており、近い将来、地方の町村で何らのサービスも受けることができていない子どもたち、また、アクセスの悪い国境地帯や山岳地帯に住む子どもたちを対象とした教育の場を開設していきたいと考えていました。

　現在、地方に居住する知的障害や自閉症の子どもたちを育てる保護者たちに、かかわり方の具体例やコツを教えてあげると、子どもたちの状態がよくなるという事実が出てき始めました。そのため、地方に居住する子どもたちを、親子でニューライフ支援センターに呼び寄せて、数週間あるいは、数ヵ月滞在してもらい、かかわり方などを学んでもらい、自分の家へ帰るという親子入所事業もはじめました。

　子どもたちへのサービスの拡充、教職員の待遇改善等のためにも、今後、政府との折衝等を続け、法整備やサービスの実施を実現したいとのことでしたが、2023 年現在は、政情不安定な状況の中、その後の法整備やサービスの拡充を目的とした政府との折衝は行うことができていないとのことです。

　ニューライフ支援センターに勤務する教職員は、子どもたちに対して必要十分な人数でその教育指導にあたっています。子どもの教育指導を担当する 26 名のうち 20 名が女性であり、そのほとんどが 20 代と若く、誰もが笑顔とユーモアをもって元気よくエネルギッシュに子どもたちと接していたことに深く感銘を受けました。大変意欲的で快活なかかわりの姿勢に深く敬服します。その情熱と愛情を感じ、近い将来、その発展の潜在性と可能性を確信したのでした。

　そのような中で、教育指導のプログラムと内容については、応用行動分析学や TEACCH プログラム（教室環境の構造化）、PECS®（絵カードを利用した指示要求行動の形成）など、国際的に教育指導上有用であるとされている考え方、理論やプログラムを導入していました。

　しかし、導入されていた理論やプログラムについては、そのプログラムの枠

組みとしての実施は行われていましたが、個々の子どもたちの発達や障害の特性に応じた設定や環境調整の部分では課題を残した状態で行われていました。誤解を恐れずに言うと、子ども全員がほぼ同じ内容の教育プログラムを受けており、生活年齢に応じて、そのプログラムの量と難易度のみが変化するという状態でした。この点については、内容の改善を強く期待するところであります。

　また、ニューライフ支援センターに通う子どもたちは、障害や生活上の困難の程度に差があり、比較的重度の障害のある子どもたちも多く通っています。これらの子どもたちへの教育指導については、その内容の改善を行う必要性が高い点も留意すべき点です。

4　各国の実践から日本が学ぶこと

　日本の学校制度は、世界でも有数の高度なシステムと充実した内容であることは誰からも認められた事実でしょう。それは就学率や識字率からも証明されています (UNICEF, 2021)。

　元来、「制度・システム」は、人々の生活を豊かにするための補完ツールにすぎないのですが、その「制度・システム」が成熟し高度化した場合、あるいはその「制度・システム」に頼りすぎた生活様式になった場合、人々の生活は、やがてその「制度・システム」に縛られるという弊害を来すことがあります。その弊害を解消するために、今度は人々が本来もっている「つながり (Social Capital)」を基盤にした“解決の道しるべ”が人々の生活を豊かにするために必要になってくるのでしょう。まさに「制度・システム」と「つながり」は、人々の生活の中で互いに絡み合いながら成長していく関係であると言えるのかもしれません。

　前項までにみてきた3ヵ国とも、現状は、「システム・制度」を作り上げていく初期段階にあるのですが、人々が本来もっている「つながり」が網の目のごとく張り巡らされており、それぞれの国が抱える問題にも考慮しながら、それぞれのスタイルで発展を遂げていると思われます。

　本章では、エジプト・モンゴル・ミャンマーの3ヵ国を取り上げ、特別支援教育の原点をも考えることができるような資料提供を試みました。

引用文献

Csaba Bánfalvy（2020）The social integration of disabled persons, *Hungarian Journal of Disability Studies & Special Education*, 2020 SPECIAL ISSUE, 10-28.

Eglal Cehnouda（2008）*Is inclusive education feasible in Egypt?* Seti Center, Caritas Egypt.

外務省．各国・地域情勢「エジプト概況」：http://www.mofa.go.jp/

JICA（2016）エジプト・アラブ共和国　基礎教育分野にかかる情報収集・確認調査報告書．JICA 国際協力機構．

小島京子（2009）地域開発活動としての障害者支援プロジェクト短期専門家（CBR 活動評価）業務完了報告書．JICA エジプト事務所．

Ministry of Education（2008）*The development of education in Egypt 2004-2008: A National Plan*. Arab Republic of Egypt.

中田洋二郎（2009）発達障害と家族支援．学習研究社．

NISVA（2008）モンゴル国シニアボランティア派遣事前調査報告書．日本財団・NISVA 技能ボランティア海外派遣協会．

NISVA（2013）ミャンマー国シニアボランティア派遣事前調査報告書．日本財団・NISVA 技能ボランティア海外派遣協会．

United Nations Development Programme（2009）*Human development report 2009*.

UNICEF（2021）*Statistical tables*. The State of the World's Children 2021: On My Mind–Promoting, protecting and caring for children's mental health, UNICEF, New York, October 2021. 174-259.

United Nations Statistics Division: http://data.un.org/

山内信重（2009）地域開発活動としての障害者支援プロジェクト短期専門家（CBR 事業推進）業務完了報告書．JICA エジプト事務所．

第 3 章

学校長のリーダーシップと特別支援教育の推進

大石幸二

　学校長がその職責を果たすために、保護者や地域の理解と協力を得ながら、リーダーシップや組織マネジメントの力を発揮し、教職員が一体となって組織的に課題に取り組む学校経営が求められています。特に今日では特別支援教育やインクルーシブ教育の推進のために、リーダーシップや組織マネジメントが効果的に発揮されるよう学校に対する後方支援体制の整備に努める必要があります。

1　リーダーシップと学校長の役割

　学校では、複雑かつ多様で、今日的教育諸課題に対応することが求められています（たとえば、柳澤他，2015）。具体的には、いじめ・不登校等生徒指導上の諸課題、貧困や被虐待等生活支援上の諸課題、特別支援教育の充実やインクルーシブ教育の推進等の個別化された教育実現に関する諸課題、外国人子女への対応等外国にルーツをもつ子どもへの対応に関する諸課題、新たな学びに対応するICTの活用とSTEAM教育推進に関する諸課題、さらに道徳教育の義務化等新たな教育の在り方をめぐる諸課題などが挙げられます。柳澤他(2015)は、このような諸課題に対応するために、学校長をはじめとする管理職が、保護者や地域の人々の理解と協力を得ながら、リーダーシップや組織マネジメント力を発揮し、教職員が一体となって組織的に学校経営に取り組む必要があると指摘しています。露口（2000）も学習指導要領に対する学校の対応などを典型例として外生的な変化に対して、最も強く影響を及ぼすものが学校長のリーダーシップであるとしています。しかし、本来的には、学校長によるリーダーシップや組織マネジメント力は、より内発的な理由に基いて発揮されなければならないでしょう。

　ところで、2007（平成19）年に学校教育法の一部が改正され、特別支援教育が本格実施されるに至りました。特別支援教育は、共生社会を形成する基盤になるとの認識のもとで、学校長のリーダーシップが強調されました。そして、学校長のリーダーシップを得て支援体制の整備が進められているところです。しかし、ある自治体の27名の学校長を対象として実施された、岡田（2013）の調査（回答者数23名）によると、学校長は特別支援教育やインクルーシブ教育の理念には共感し賛意を示した（81.6%）ものの、学校内において支援体制を整備するには、多くの課題があることを指摘しています。すなわち、特別支援教育やインクルーシブ教育の推進のために、学校長がリーダーシップを発揮することは、決して容易なことではないようです。先述したように、学校には、インクルージョンやダイバーシティを達成すること以外にも解決すべき数多くの課題が山積しています。学校長を含む教師には、これを一つ一つ解決するための心の余裕がありません。心の余裕がない中、課題解決を進めようとすると、

　講じる手立ては実効性の乏しい、形式的なものになってしまいます。このことが特別支援教育の十分な形での実現を困難にしている可能性があるのかもしれません。その意味では、教師の心の余裕を恢復（かいふく）することを企図するような学校長のリーダーシップや組織マネジメント力の発揮が期待されます。

　学校長が発揮し得るリーダーシップには、いくつかの種類があることが知られています（吉村他，2014）。吉村他（2014）によると、1980年代までは「変革的リーダーシップ」が主流で、学校長には、ある種の"カリスマ性"が求められていました。しかし、1990年代以降は、「促進的リーダーシップ」の考え方が台頭し、一人一人の教師を支援し、教師間の同僚性や相互作用を高めるような要因を媒介する際に、学校長のリーダーシップが発揮されるべきだという考え方が主流になりつつあります。これは、上記の「教師の心の余裕を恢復すること」に貢献できるリーダーシップの形態であるように思われます。このような変化が生じた背景は、学校長が先導する上意下達の強力なリーダーシップにより組織変革を実現することにはある種の限界があることが露呈したことに起因します。むしろ学校が自ら改善し、自律化し、学習する組織となるには、ソーシャル・キャピタル（社会関係資本）を豊かにして、一人一人の教師がやりがいや意欲をもち、それぞれの判断や意見が尊重され、奨励されるよう環境を設えることが重要だとされるようになったのです。教師のやりがいと意欲については、柳澤他（2015）も「学校内において（学校長のリーダーシップの必要性として）、教師の活動の意味を明らかにし、意欲を喚起する点が重要である」ことをはっきり指摘しています。そして、「とりわけ（今日の学校では）教師の世代交代が進み、新任教員が増加する中では、学校が組織として機能する意義が増していることから、特に若年層の教師の意欲を喚起し、やりがいや意義が感じられる学校経営ビジョン」を明確に打ち出すことが求められると述べています。その上で、学校長が明確に打ち出すべき学校経営ビジョンの7要素を示しました。（表3-1参照）

　これらの学校経営ビジョンは、長く深い教職経験を有し、優れた資質と能力に恵まれた学校長だからこそ明確に打ち出すことができるものです。学校経営ビジョンの7要素は、何れも重要で、学校長であれば例外なくこれらを効果的に示したいと考えていますが、地域の特性や学校規模、教職員数と年齢構成、

表3-1　学校経営ビジョンを構成する7要素

1）ミッション（使命感）の自覚
2）重点項目、努力目標の明確化
3）行動規範の明確化と実践
4）組織構造の改善
5）組織運営の改善
6）リーダー行動の自発
7）組織成員の能力と資源の開発

柳澤良明・七條正典・植田和也・池西郁広・松井保・藤本泰雄（2015）学校経営ビジョンと学校管理職のリーダーシップ．香川大学教育実践総合研究, 30, 89-102. を一部改変

　家庭・地域の協力度、学校が抱える教育課題などを踏まえながら、これら7要素を十分に示すことは実は容易ではありません。その意味で、学校経営ビジョン実践上の課題が存在すると言えます。

　大石（2006）はTomlinson（2004）の知見を引用しながら、学校現場におけるリーダーシップの効果を高める4つの要素として、（1）リーダーの個人的特性、（2）求められる仕事の内容、（3）リーダーシップの形態、（4）学校改善の文脈を挙げています。（1）の個人的特性には、リーダーの価値観・計画実行力・理解力などを背景としてどういった行動をとりうるか、ということが問題にされており、人間的魅力や人格的な力を含んでいます（Tomlinson, 2004）。（2）～（4）については、各要素を客観的に定義して、それを充足するための方法が明確にできそうですが、（1）については、人間的魅力や人格的な力を含んでいるために、一朝一夕にその条件を充足することは難しそうです。ただ、教師の専門的職能を高めるために学校長の教育的リーダーシップが発揮されるべきとする考え方は、露口（2000）においても主張されています。具体的には、①目標の共有化、②授業支援、③校内研修の促進を、学校長が強力にリードしていくことにより、教師の変容が期待できるということです。

2　学校のパフォーマンス向上と学校長の役割

　学校長の効果的なリーダーシップが発揮されることにより、組織が変わり、教師が変わり、児童生徒が変わります。児童生徒の変容を通じて家庭・地域が変容し、将来にわたる持続的な改善への一歩を踏み出すことができます。全校

的な協働が構築されることにより、上記のような成果（学校のパフォーマンス）が向上するのです（Rogers, 1995）。換言すると、学校のパフォーマンスとは、①児童生徒の学業適応、学業達成の促進、②児童生徒の社会性と情動のスキル、行動管理能力の向上、③教師の専門性の向上と職能の発達により構成されるということができます。特別支援教育やインクルーシブ教育の推進の前提としてこれら一つ一つの構成要素に注意を払う必要があります。それでは、学校のパフォーマンスを飛躍的に高めるために、学校長が果たすべき責任、担うことが期待される役割とは何でしょう。

　露口（2000）は、学校で期待されるパフォーマンスのうち、最重要なものが児童生徒の変容であると認識しています。具体的には、外生的な変革に対して組織的な対応を図る過程で学校長のリーダーシップが発揮されることにより、児童生徒の学業適応（リテラシーと学習成果・学業達成を含む）および社会性が変化することを想定しているのです。

　露口（2000）が行ったのは、質問紙調査研究です。ある自治体（5市町）の小学校45校の教師（平均年齢34.4歳）396名（回収率41.0％）が回答した結果を分析しています。この地区では、学校長と調査対象とされた教師の間に、顕在的葛藤はなかったのだそうです。つまり、日ごろから校内の雰囲気が良く、教師間の関係性も比較的良好な状態が続いている学校・教師が対象となったということが推定されます。共分散構造分析という精緻な統計分析が試行された結果、児童のパフォーマンス（学業適応）に最も強く影響を与えていたのは、ポジティブな学校文化（教授技術の革新や創造的な教育活動への志向が教師の行動規範として十分に身についていること）でした。教師一人一人が授業の質を高めようとして、教授技術に磨きをかけようとし、これまでに行ったことのない教育の在り方にも果敢に挑戦しようというのですから、児童の学業適応度も自ずと高まることでしょう。ただし、このような関係性がどれくらい確信をもって説明できるかというと、35〜36％くらいという結果でした。この結果が意味することは、教師が授業改善に邁進することができるよう学校の雰囲気を高めようとする学校長のリーダーシップは重要で、有意義なことではありますが、児童自身の特性や経験、家庭の支えや協力、授業と同等に学級経営・学校経営を進展されることが伴わないと、影響範囲は限定的なものになってしまうかも

しれない、ということになると思います。

　臨床場面でしばしば積極的な介入が必要になるのは、いわゆる生徒指導上の問題についてです。不登校やいじめ、被虐待や攻撃性・暴力行為を示す生徒の場合、その生徒自身が抱える課題に加え、家庭の支えや協力も十分でないことがあります。そのような場合に、児童生徒の学業適応の促進や社会性と情動のスキル向上のために学校長が発揮できるリーダーシップとは、どのようなものでしょうか。ここで、大石（2004）が大学院生および学部学生とともに中学校と協働した事例を紹介します。この実践事例では、全校生徒全ての教育的なニーズを満たすことをゴールに据えて、教師主導の学校研究・研修に関与し、教師へのフィードバックを、学校長と共に工夫したというものです。得られた結果は、長期欠席生徒の学校復帰と進路決定、怠学・非行傾向生徒の行動改善、特別支援教育対象生徒の学業適応の促進というものでした。

　実践の対象とされた中学校は、人口が 10 万人に届かない自治体にある全校生徒数が約 400 名のところでした。生徒の中には、年間 30 日以上の長期欠席で、完全不登校となっていた生徒が 1 名、怠学・非行傾向があり生徒指導上の問題を呈していた生徒が 7 名、学習障害やいわゆる自閉スペクトラム症があり特別支援教育の対象となる生徒が 5 名おりました。これら教育上配慮を要する生徒への積極的な関与により、問題の深刻化を防ぐことがこの中学校において当面の目標とされました。

　管理職と臨時任用を含む教師は、合計で 31 名おりました。教職経験年数が 15 年を超える 40 歳代後半の中堅・ベテランが圧倒的だという年齢構成となっておりました。課題解決のため、中学校側では、事前に校内支援チームを立ち上げていただいておりました。必要性が生じた段階で組織化することも考えられますが、当該の中学校の学校長は予防的に取り組むという姿勢を有する方でした。また、短時間でもよいので校内研修全体会の時間を確保していただきました。一方、巡回相談は心理諸資格を有する大学教員が担いました（報告は逐一書面にて行われ、全ての教師に供覧されました）。また、学生は、応用行動分析の技法に基づく発達支援の方法について教育訓練を受けた上で、監督教師の指示の下での個別支援やカウンセリング的学習指導を、複数で担当しました。これらは、学校長のリーダーシップが発揮されて初めて実現した取り組みでした。

教師の相談は（巡回相談時に）少しずつ寄せられるようになり、検討対象・支援対象となる生徒の数も徐々に増加していき、学校がチームとして機能しながら課題解決を図ることができるようになっていきました。学校長が掲げていた予防的な姿勢で、学校課題の解決に当たろうとする意識・態度・行動は、各教師に少しずつ浸透していきました。そして、すでに記したように長期欠席生徒の学校復帰と進路決定、怠学・非行傾向生徒の行動改善、特別支援教育の対象生徒の学業適応の促進が少しずつ実現していくようになりました。

3　特別支援教育を推進するための学校マネジメントと学校長の役割

　学校長には、効果的なリーダーシップの「力」と組織マネジメントの「技」が求められます。前記の「力」の源泉は、《信頼（感）》であり、「技」をもつ者は《エージェント》です。学校長は、学校変革のエージェントなのです。

　学校長による学校経営が成功して所期の成果を修めるためには、学級を担任する教師の信頼を得る必要があります。信頼とは、経験が徐々に積み重なって築き上げられる相手に対する知識や親密さのことです（Robbins, 2005）。徐々に構築されるが故に一定の時間を要する営為となります。人は、誠意が感じられない相手や自分を利用しそうな相手を尊敬したり、そのような相手に従おうとはしません。故に、信頼は、リーダーシップと結びつく主要な要因となるのです。

　一方、組織のマネジメントに責任をもつ人はエージェントです（Robbins, 2005）。組織に変革をもたらすエージェントは、学校では学校長が筆頭格です。企業等では外部コンサルタントの評価を得て、組織の変革を展望していきつつ、作業に着手します。学校においても巡回相談や校内研修を通じて、組織に変革を引き起こすことを計画します。これは学校長の重要な仕事であり、特に学校では、学校長も変革の渦の中に身を置きながら、協働的に学校をより良いものへと変えていくことになります。それはたいへん骨の折れる難しい仕事でありますが、この挑戦をやってのける潜在能力を有する人が教師の中から一定数現れ、学校長の任務を果たすのです。学校で特別支援教育を推進しようとするとき、同様にして展望・作業・変革の途を辿ることが求められます。特に通常学

級の中でこの作業を進めるときには、事前の問題整理が必要になります。

　五十嵐（2019）は、組織マネジメントを通じて、チームとしての学校を機能させるための実践を報告しています。この実践では、生徒指導上の過酷な問題を抱える中学校の事例が紹介されています。しかし、扱われている取り組みは、学校で特別支援教育を推進することに通じる内容が示されています。なぜ生徒指導上の問題への対応と特別支援教育の推進との間に通じるところがあるのかというと、両者は児童生徒の自立と自律を支え助ける活動であるという側面を共有しているからです。五十嵐（2019）は実践報告の中で、①学校改善を最終の目標とすること、②組織的な校内体制（生徒指導体制）を構築すること、③保護者や関係機関との協力・支援体制を整えること、④「チームとしての学校」を機能させること、⑤（生徒指導上の課題のある生徒を含めた）全校生徒への働きかけを行うこと、⑥組織マネジメントの視点で、実践の評価と改善を繰り返すことの6点を進めることが肝要であることを説明しています。これらの①〜⑥の取り組みは、特別支援教育の充実やインクルーシブ教育の推進を図るためにも重要な実践になると思います。

　五十嵐（2019）によると、上記の組織マネジメントを進める中で学校長は、教師の立ち位置を変えるという方向性を全教師に対して示し、生徒に接する際の教師の意識の変革に努めています。生徒への共感的態度を内包する寄り添うスタンスを徹底して、学校全体として生徒に正面から向き合うという接し方への転換を図りました。教育上の課題となる事柄に対しては対症療法的対応に留まらず、問題の未然防止と早期の予防介入を重要視して、生徒の情報共有を職員室で行い続けました。さらに、教育環境の整備を行い、教師と生徒の意識の改革に努めました。その延長線の取り組みとして授業を改善し、わかる授業を志向して、生徒の主体的な学習態度を涵養し、学習習慣の育成にも意を用いました。授業を通じて生徒の自己肯定感や自己有用感を実感させ、授業のユニバーサルデザイン化と学習課題のスモールステップ化を進めて、生徒自らが学習の内容や検討すべき事柄をイメージできるようにしました。さらに、生徒会活動の活性化による自立・自律の取り組みを行いつつ、家庭・地域、関係機関の協力を求めながら、地域ぐるみで子どもを育成する文化の醸成を進めていきました。このような取り組みを行う基盤や萌芽は各地域の各校に潜在しているもの

で、いざというとき、本格的に駆動される類いのものです。特別支援教育や教育相談の推進にも大いに活用できるものであるに違いありません。

引用文献

五十嵐淳（2019）生徒指導上の課題解決を目指す「チームとしての学校」の一実践―カリキュラム・マネジメントと組織マネジメントの2つの視点から―．教育実践学研究，**22**, 53-61.

岡田信吾（2013）小学校長における特別支援教育推進に関わる意識調査．就実教育実践研究，**6**, 73-82.

大石幸二（2004）外部専門家による全学校規模の介入"準備"段階の重要性―教師の学生受け容れ度を指標とした導入過程の評価―．特殊教育学研究，**42**, 57-68.

大石幸二（2006）特別支援教育における学校長のリーダーシップと応用行動分析学の貢献．特殊教育学研究，**44**, 67-73.

Robbins, S. P.（2005）*Essentials of organizational behavior（8th ed.）*. New York: Pearson Education, Inc.（髙木晴夫（2009）新版・組織行動のマネジメント．東京：ダイヤモンド社.）

Rogers, B.（1995）*Behavior management*. London: Paul Chapman.

Tomlinson, H.（2004）*Headteacher*. In H. Green（Ed.）, Professional standards for teachers and school leaders: A key to school improvement. London: Routledge Palmer, 225-245.

露口健司（2000）校長の教育的リーダーシップが児童パフォーマンスに及ぼす影響―最適モデルの検出を中心に―．日本教育行政学会年報，**26**, 123-136.

柳澤良明・七條正典・植田和也・池西郁広・松井保・藤本泰雄（2015）学校経営ビジョンと学校管理職のリーダーシップ．香川大学教育実践総合研究，**30**, 89-102.

吉村春美・木村充・中原淳（2014）校長のリーダーシップが自律的学校経営に与える影響過程―ソーシャル・キャピタルの媒介効果に着目して―．日本教育経営学会紀要，**56**, 52-67.

第 4 章

教職大学院に求められる役割と今後の教員養成の課題

須藤邦彦

　教職大学院は、理論と実践の往還を通した優れた実践の産出、ニーズと実態に即した効果的・文脈適合的なコンサルテーションスキルによる子どもと教員の変容、集団の場の質と関係性の質の高まりを通した教員組織の改善などを担う人材を輩出しています。今後は、教員養成大学の学部と教職大学院が1つの「学習する組織」になって、(教員養成や研修を含む) 学校や地域のニーズの変化に応えられるようになっていく必要があります。

1　教職大学院の役割と実態

　教職大学院は、高度専門職業人としての教員に求められる高度な実践力・応用力を育成する組織です。（1）学校現場における職務についての広い理解をもち、自ら諸課題に積極的に取り組む資質能力を有し、新しい学校づくりの有力な一員となる新人教員と、（2）学校現場が直面する諸課題の構造的・総合的な理解に立って、教科・学年・学校種の枠を超えた幅広い指導性を発揮できるスクールリーダーの養成をその目的としています。そのため、従来の教員養成系修士課程とは、カリキュラムや授業方法などが異なります。具体的には、共通科目（基本科目）、コース（分野）別選択科目、学校における実習を共通するカリキュラムの枠組みとしています。そして、事例研究、授業観察・分析、フィールドワーク等を積極的に導入した指導方法により、「理論と実践の融合（往還）」を図る教育を行います。また、教職経験等が一定の水準を超えている実務家教員と研究者教員とがチームを組んで院生を指導し、理論知と実践知を融合するための学びを保証する指導支援体制を整備しています。

　教職大学院は在籍する院生の学びの多様性を保証する仕掛けが豊富です。現職教員の履修の便宜等に配慮して、修了年限（1年間のコースや3年間のコース）、授業の開講時期や時間（土日や長期休暇中、あるいは夜間の開講）、授業形式（オンライン授業）などが工夫されています。また、学部での教員免許状未取得者を対象に、教職大学院に在学しつつ、一種免許状の取得に必要な学部の教職科目を履修できるコースが開設されている大学院もあります。さらに、ほとんどの自治体が入学前に採用試験に合格した場合の採用時期の延長措置に対応していますし、全体の76％が授業料減免制度を、56％が奨学金制度を措置（文部科学省，2022）しています。

　教職大学院は2008年にスタートし、2022年6月末日において54校になりました。自治体別にみると、鳥取県を除く全ての都道府県に1つ以上は設置されています。そして2023年の時点で、特別支援教育（あるいは教育臨床、発達支援、ダイバーシティなどの関連する領域）に関する独自の教育課程（コースやプログラム）を設定している大学院が40校（約74％）あります。また、特別支援教育に関する専門的な授業はほぼ全ての大学院に開講されています。こ

のように教職大学院は、新人からベテランまでの多様な人材が、学校現場の諸課題や新しい学校づくりに取り組む資質を学ぶ場となっています。そして、特別支援教育も含めた高度専門職業人としての社会ニーズに応える人材を輩出する役割を担っています。

2　特別支援教育における理論と実践の往還

　教職大学院は理論と実践の融合（往還）を重視しており、特別支援教育に関する専門性向上においても同様です（八木他，2018）。教員が理論と実践の往還を行うことは、教育事象を相対的に俯瞰することを可能とし、より優れた学校教育の実現に寄与します（小林，2019）。また、これまでの実践を理論によって見直すことで新たな学びを得ることでき、熟達した教員をいわゆる「学び続ける教師（佐長，2019）」にします。このように教職大学院は、優れた実践と実践の省察を通した、新たな学びのサイクルを行う人材を養成します。

　では、教職大学院の理論と実践の往還とは、どのようなことなのでしょうか。先述した小林（2019）は、理論と実践の間に存在する「知」を 2 種類（理論を実践化する力と実践を理論化する力）に大別し、それらを養う必要性を主張しました。具体的には、前者について、科学的根拠に基づく理論を、自身の置かれた立場や実情に応じて解凍・分解し、教育現場で具体的に活用可能な実践の基盤にまで組み替える展開力としました。後者については、教員個々人の教育実践の積み重ね一つ一つを省察して科学的論拠に基づき理論化し、自身の特性や勤務校の組織文化、児童生徒の実態といった諸要因を鑑みて特異性を平均化し、他の学校現場および教員にも援用可能な段階にまで概念化する能力としました（図 4-1）。これは科学研究における実証されたエビデンスに基づく実践（Evidence-Based Practice: EBP）と実践に基づくエビデンス（Practice-Based Evidence: PBE）を教育の文脈にあてはめたものと言えるでしょう。Kratochwell et al.（2012）は、PBE が実践家と研究者が協働するコミュニティを作り、また PBE によるエビデンスの蓄積が EBP の改善と普及をもたらすと指摘しています。また、わが国の特別支援教育においても、EBP が学校教育の実践や教育課程に貢献する可能性（井澤，2021）と、PBE によるエビデンス蓄積の必要性（太田，2022）が示唆されています。教職大学院の理論と実践の往還は、こ

のエビデンスに基づいた実践とエビデンスの蓄積の好循環を強く推進する可能
性があります。すでに個人の教育実践（上条他，2023；小柳他，2018）や教育
体制（金川，2020）にこれらの知見を活用している報告が示されています。今後、
教職大学院で学んだ実践家が教育実践のエビデンスの活用と蓄積を通して、教
育現場の改善と研究者とのコミュニティの活性化に寄与することが推測されま
す。

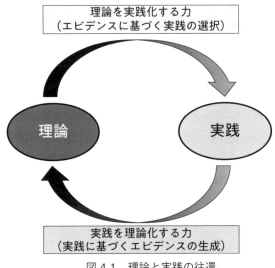

図 4-1　理論と実践の往還

3　行動(学校)コンサルテーションと組織へのアプローチ

　教職大学院では、学校現場が直面する諸課題に対する幅広い指導性を有する
高度専門職業人を養成します。特別支援における諸課題であれば、たとえば、
教師の特別支援教育に関する力量を OJT（On the Job Training）によって向上
させることが該当するでしょう。しかし、OJT によって教員の変容を促すた
めには、知識や技術に加え当該教員がもつ信念や態度にも着目する必要（藤，
2023）があります。そのため、OJT を仕掛ける側には、特別支援教育に関す
る知識や支援技術に加え、それぞれの現場の事情に合わせてこれらをカスタマ

イズする方法の理解が必須です。特別なニーズを有する子どもの理解と支援を、それぞれの教員の実態や現場の実情に合わせて展開する方法として、行動コンサルテーション（あるいは学校コンサルテーション）が推奨されます（図4-2）。これらは、ニーズを有する子ども（以下、クライアント）の見立てと支援を、直接支援を行う担任など（以下、コンサルティ）と専門家チームや巡回相談員など（以下、コンサルタント）との相互作用を通して明確にし、クライアントの行動変容を図る間接支援技法です。この技法では、クライアントのニーズや支援環境について客観的な分析を行います。また、コンサルティのニーズやその優先順位、あるいはコンサルティの支援に関する信念や態度なども考慮して支援方法や評価方法を導出します。そして、クライアントの変容のみならず、コンサルティの主体的な行動変容や専門性の向上にも効果を発揮します（大石，2015；岡村，2014）。そのため、これらのコンサルテーションを実施するコンサルタントには、クライアントの実態把握と必要な支援を導出するスキル（問題解決）に加えて、コンサルティとの協力的な関係を構築するスキル（関係構築）が必要とされます（Gutkin & Hickman, 1990）。しかし、上記スキルをたとえば特別支援教育コーディネーターのような巡回相談員に形成する研究はごくわずかです（たとえば、脇・須藤，2020）。コンサルテーションは、教育現場の諸課題を解決しつつ教員の専門性を磨くという、教職大学院の人材養成のスタンスと合致しています。

　第1章で触れられたように、学校は学び続ける組織です。そのため、学校改革には組織（あるいは教員集団）へアプローチする必要があります。先程述べたコンサルテーションは教員個人（とニーズを有する子ども）の変容を促すアプローチです。一方、ピーター・センゲ（2011）の「学習する組織」に含まれる「チーム学習」というツールは教員集団へアプローチすることが可能です。図4-3は、ピーター・センゲとともに学習する組織を導入した、ダニエル・キムが提唱した「組織の成功エンジン」のループ図（小田，2017）を筆者が改変したものです。この図では、組織のメンバー（担任、管理職、カウンセラーなど）同士の関係性の質が情報の共有や協働に影響するとしています。そして、物理的構造（たとえば、座席の並べ方）、情報の流れの構造（たとえば、コミュニケーションの方向）、グラウンド・ルール（たとえば、他人の意見を否定しない）などを工

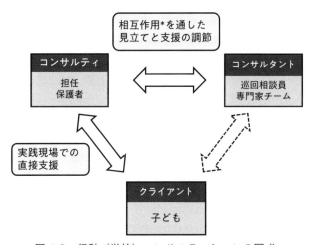

図4-2　行動（学校）コンサルテーションの図式
＊は、クライアントのニーズ、支援環境、コンサルティの信念や態度を踏まえて行う

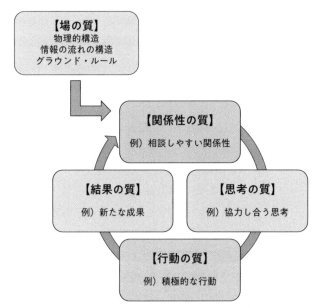

図4-3　組織の成功エンジンのループ図

小田理一郎（2017）「学習する組織」入門　自分・チーム・会社が変わる持続的成長の技術と実践.
英治出版. を参考に筆者が作成

夫して場の質を高めることで、メンバー間の対話がより生成的になり、メンバー同士の関係性の質と、それぞれのメンバーの思考ならびに行動の質、そして結果の質が高まる（組織に求められる変容に対してメンバーが協働しやすくなる）とされています。教育現場に置き換えれば、物理的な構造（職員室や会議室の構造）や教員同士のやりとりの仕方、あるいは話し合いの場での（必ずしも明確になっていない）ルールなどが、場の構造に該当します。校内委員会などの各種委員会からちょっとした立ち話まで、特別支援教育に関する文脈で教員同士の関係性の質が問われる場は、数多くあるでしょう。その際、場の構造を改善して、教員のエネルギーを合致させる（小田，2017）ような工夫ができる人材を教職大学院では輩出すべきではないでしょうか。

4　教職大学院の今後の教員養成に向けて

　これまで述べたように、教職大学院は、学校づくりの有力な一員となる新人教員と、幅広い指導性を発揮できるスクールリーダーを養成することで、教育現場に貢献してきました。そして、特別支援教育の観点からは、①エビデンスに根差した実践と、実践を通したエビデンスの蓄積という好循環を通した優れた実践の産出（院生の専門性向上）、②子どものニーズと学校環境の実態に即した効果的・文脈適合的な支援を導くコンサルテーションスキルを活かした子どもと教員の肯定的変容（現職教員への研修強化）、③集団の場の質と関係性の質の高まりを通した教員組織の改善（学校組織の課題解決）などを担う人材の輩出を具体例として挙げました。

　馬原・村田（2023）は、今後の教員養成として求められる教育学部改革の論点の中に、教職大学院の地域的役割の拡大を挙げています。そしてそれは、現職教員への教育研修機能の強化であったり、それを通した学校課題の解決による地域貢献であったりします。また、吉水他（2021）は、発足から 10 年間の成果と課題を踏まえ、既存の枠組みや価値を問い直し再構成する「ダブル・ループ学習（Argyris & Schön, 1974）」を教職大学院の育成目標の 1 つとしました。そして、理論と実践の往還を試みる省察において生じる両者間の対立や齟齬への気づきとそこからの新たな着想を重視しました。これらは、第 2 節と第 3 節で述べた院生の専門性向上を通した現職教員への研修機能強化や学校組織の

課題解決（組織開発）を拡充するとともに、教職大学院や学部の教員養成の在り方にも影響を与える視点といえるでしょう。文部科学省総合教育政策局長である藤江氏は、教員志望者の質を高める手段として、教職大学院に加え、学部の組織体制の見直しに言及しました（藤江，2023）。今後は、教職大学院が学部を巻き込んだ「学習する組織」となって、ますます（教員養成や研修を含む）学校や地域のニーズの変化に応えられるようになっていく必要があるでしょう。

引用文献

Argyris, C., & Schön, D. A. (1974) *Theory in practice: Increasing professional effectiveness*. San Francisco: Jossey-Bass.

藤朱里（2023）教師の省察的実践における「観」の位置：先行研究の動向を中心に．教育方法学研究，**19**, 183-192.

藤江陽子（2023）講演「教員志望者の質向上を求める」．共同出版・教職課程レポート，**1**, 12-13.

Gutkin, T. B., & Hickman, J. A. (1990) The relationship of consultant, consultee, and organizational characteristics to consultee resistance to school-based consultation: An empirical analysis. *Journal of Educational and Psychological Consultation, 1,* 111-122.

井澤信三（2021）自閉スペクトラム症のある人への介入研究が学校教育に貢献するために―特別支援教育にかかわる教育心理学研究の動向―．教育心理学年報 = The annual report of educational psychology in Japan, **60**, 91-103.

上條正太郎・新沼南・赤坂真二（2023）これからの学級経営研究における実践研究とは何か．日本学級経営学会誌，**5**, 1-11.

金川舞貴子（2020）実践知の生成と教職大学院：岡山大学教職大学院の変遷と課題を事例に．日本教師教育学会年報，**29**, 64-74.

小林淳一（2019）学校教育における理論と実践の往還に関する基本的観点．釧路論集：北海道教育大学釧路校研究紀要，**51**, 47-51.

Kratochwell, T. R., Hoagwood, K. E., Kazak, A. E., Weis, J. R., Hood, K., Vargas, L. A., & Banez, G. A. (2012) Practice-Based Evidence for Children and Adolenscents: Advancing the Research Agenda in Schools. *School Psychology Review, 41*(2), 215-235.

文部科学省（2022）5分でわかる教職大学院．Retrieved June 30, 2023 from https://www.mext.go.jp/content/20230407-mxt_kyoikujinzai01-100001265_1.pdf（2023年10月最終閲覧）

小田理一郎（2017）「学習する組織」入門　自分・チーム・会社が変わる持続的成長の技術

と実践．英治出版．

岡村章司（2014）学校との協働を通した行動問題を示す発達障害児の保護者への支援―コンジョイント行動コンサルテーションを中心に―．特殊教育学研究, **52**(4), 305-315.

大石幸二（2015）行動コンサルテーション―実践と研究の現在位置―．コミュニティ心理学研究, **18**(2), 175-185.

太田研（2020）授業 UD に基づくエビデンスを蓄積するためのシングルケースデザイン．授業 UD 研究, **10**, 62-69.

Peter M. Senge（1990）*The fifth discipline: The art and practice of the learning organization.* Doubleday /Currency.（ピーター・M・センゲ　枝廣淳子・小田理一郎・中小路佳代子訳（2011）学習する組織―システム思考で未来を創造する―．英治出版）

佐長健司（2019）佐賀大学大学院学校教育学研究科研究紀要, **3**, 98-109.

馬原潤二・村田晋太郎（2023）教員養成のための三位一体課題に関する覚書―教育学部改革のための論点整理―．三重大学教育学部紀要, **74**(2), 169-179.

吉水裕也・片山紀子・山中一英・遠藤貴広・新井肇・山口圭介・田原俊司・筒井茂喜（2021）．教職大学院の学びとその成果―この 10 年の課題と今後の展開可能性―．兵庫教育大学研究紀要, **58**, 1-14.

脇貴典・須藤邦彦（2020）特別支援教育コーディネーターへの集中トレーニングによるコンサルテーションスキルの獲得と維持．教育心理学研究, **68**(1), 33-49.

八木良広・苅田知則・石丸利恵・樫木暢子・中野浩輔（2018）教職大学院における特別支援教育の専門性向上カリキュラムの検討．言語発達障害研究, **16**, 5-16.

第 **5** 章

学校を起点とする
社会的インクルージョン

大石幸二

　社会的インクルージョンは、個人を変える方向性の旧来の価値観を、社会の側を変える方向に価値転換する創造的な大事業です。1994年のサラマンカ宣言から約30年が過ぎようとしている現在、インクルーシブ教育の具体的実践は、いまだ十分な展開を見せてはおらず、浸透しているとは言い難い状況にあります。学校（公教育）がインクルージョンの起点となることは特別な教育的ニーズをもつ子どもを含む全ての児童生徒にとって重要な意味をもちます。

1　インクルーシブ教育の背景

　インクルージョンとは、誰しもが分け隔てられることなく、自分の持ち味を発揮しながら、自分らしく生きていくことができるような社会の在り方を実現する行動の枠組みを表現するものです。このような考え方は、排除ゼロの原理 (Zero Exclusion Principles) とも呼ばれるものです (Bond et al., 2020)。Bond et al. (2020) は、医療や就労のサービスの利用やその意思決定が個人の好みに応じて提供され、そのサービス提供の網の目から、誰一人として排除されることがない (すなわち、排除ゼロ) という、証拠に基づく対人援助サービスの取り組みを紹介しています。このように、排除ゼロの原理とインクルージョンはほぼ同義です。インクルージョンには、より積極的なニュアンスが含まれていることから、本章ではインクルージョンという用語を用いています。

　インクルージョンは、障害のある人の、社会での活動と参加、活躍を考える際に、しばしば引き合いに出される考え方です。そして、障壁や障害が個人と環境との間の相互作用から生じていることを認識しています。この認識に立ち「個人が変わる」ということではなく、「社会の在り方のほうを変える」という方向性が強調されています。それというのも、個人を変える、個人が変わるという方向性は、これまで繰り返し議論され、追求されてきた旧来の価値観に基づくものだからです。インクルージョンでは、このような旧来の価値観を転換し、これを克服することが目指されているということができます。それ故、現在は、個人の機能を高めるために、社会の在り方を変えるという絶え間ない営為が求められています。

　そもそもインクルージョンという言葉は、1994 年のサラマンカ宣言を契機として、社会で広く用いられるようになりました (堀, 2017)。インクルージョンの主要な実践として、インクルーシブ教育 (教育分野におけるインクルージョン) が掲げられています。インクルーシブ教育が、インクルージョンの主要な柱に掲げられている理由は、1990 年に、タイのジョムチャンで採択された「万人のための教育に関する世界会議 (World Conference on Education for All)」の目的をさらに前進させることを志向しているからです。このジョムチャンでの「万人のための教育」は、学校が全ての子どもたち、とりわけ特別な教育的

ニーズをもつ子どもたちの役に立つためにどうするのかを考えることが、当面のインクルージョンの実現に向けた優先度の高い喫緊の課題となりました (堀, 2017)。なお、堀 (2017) は、特別な教育的ニーズについて、障害がある子どもと、障害はないけれども学習上の困難を示す子どもも含めて、幅広い観点から子どもの教育的援助について言及するような「教育的概念」であると説明しています。また、UNESCO (1993) は、「学習に興味やモチベーションを欠いている」「家族のため、生きるために働かなければならない」「学校でさまざまな困難を経験している」「貧困状態や栄養失調状態にある」「戦争や武力紛争の犠牲になっている」「ストリート・チルドレンである」子どもは、全て特別な教育的ニーズをもつ子どもであると説明しています。特別な教育的ニーズを有する子どもは、どの学校においても一定数以上存在しています。これらの子どもたちも学校に来ることができ、存分に学ぶことができ、未来に向けて希望を切り拓くことができるということは、彼らの権利です。また、これらの特別な教育的ニーズを有する子どもと関わり、多様性について学び、他者との関わりについて自分の枠組を拡張できるよう過ごすことができることは、一般的な教育的ニーズを有する他の子どもたちの権利でもあります (中山, 2022)。

2　学校を起点とするインクルージョン

　学校がインクルージョンの起点となることは、特別な教育的ニーズをもつ子どもにおいても、現時点で一般的な教育的ニーズしかもたない子どもにおいても、同等に重要な意味をもちます。先に述べたように、インクルージョンは、排除ゼロの原理と同等の意味になります。よって、学校でのインクルージョンとは、どのような状況や条件にある子どもも、学校において教育活動から排除されることがない、ということを意味します。特に、公教育において全ての子どもたちが例外なくインクルーシブ教育を経験することは、将来インクルーシブな社会を築くための基盤になると考えられています。学校時代に修得する経験知は、理論知とともに、意識や態度、行動が変容するためにたいへん重要な基盤となります。インクルージョンの良さや豊かさを体感として理解しているかどうか、ということは、その後の創造的な社会設計 (すなわち、誰もが、自分の持ち味を存分に発揮できるように互いを尊重し、生かそうと行動するシステム)

にも強い影響を及ぼすに違いありません。インクルージョンの考え方や（その環境調整の在り方を示す）ユニバーサルデザインの考え方を理解し、具体的な取り組みが進められる社会に生きた人は、自然とそのような発想を受け入れてこれまでになかった歩みを進めていくはずです。総論としてのこれらの基本的な考え方に異を唱える人は、それほど多くはないでしょう。きっと大多数の人は、インクルージョンが志向する社会の在り方を歓迎するに違いありません。

　ところが、話が各論に及ぶと、事情はいくらか変わってくるかもしれません。中山（2022）は、障害を理由として、学びの場の分離と分断が加速していると警鐘を鳴らしています。中山（2022）は、"今後"設計すべき創造的な社会だという形で、インクルージョンの実現を先送りにすることにより、マジョリティ（多数派）が現在享受している権利・利益を今後も維持しつつ、マイノリティ（相対的に見た場合の少数派）の権利・利益については、多数派の権利・利益が制約を受けない範囲で認めるという考えが潜在していることを鋭く指摘しています。したがって、相当な努力を、リアルタイムで、絶えず傾注し続けない限り、この先送りの社会的装置は、いつも十分に機能しないまま、後ろ倒しになっていってしまいます。これは、残念なことであり、問題でもあります。

　中山（2022）は、「教育におけるインクルージョンの前には、『大きな壁』が立ちはだかり、その理解を阻んで」きていると、わが国の特別支援教育の趨勢を形容しています。それは、サラマンカ宣言以降に、「同じ場」で「共に学ぶ」ことを志向してきたインクルージョンの考え方に反して、わが国の場合には、「特別な学校」や「特別な学級」に児童生徒を配置し、その比率（中山はこれを「分離率」と表現）がむしろ高まっているというところに、如実に顕れている、と説明しています。そして、これは排除や分離を経験したことがない人が進めている取り組みであるが故に、排除や分離を経験している人の権利を基盤として発想することが行われない、という帰結を導いてしまうことになります。

　それでは、通常の学級において、「同じ場」で、「共に学ぶ」ことを志向したインクルーシブ教育の実践は、行われていないのでしょうか。そのような先駆的でグッド・プラクティスと呼び得る実践があれば、これを広く共有して社会の在り方（まずは、学校の在り方）を変えていけるように思われます。そこで、次節では、通常学級におけるインクルーシブ教育の実践について、先行研究を

レビューしておきたいと思います。

3　同じ場で、共に学ぶことができる教室における指導実践

　1994 年にサラマンカ宣言が示され、2007 年に学校教育法が一部改正され、2022 年に特別支援教育を担う教師の養成、採用、研修等に係る方策についての通知が発出されました。これらの宣言・立法・通知により、私たちの社会は、大きな転換を達成することができるはずです。少なくともその萌芽が見られてもおかしくありません。実際のところ、この約 30 年間の歩みの中で、わが国のインクルーシブ教育の具体的な実践は、どのように進展してきたでしょうか。

　わが国のインクルーシブ教育の現状と課題を知るために、国立情報学研究所の CiNii Research（検索エンジン）を用いて、学術情報の調査を行いました。「インクルーシブ教育」と「実践」をキーワードとして、1994 ～ 2023 年に発表された学術論文を検索しました（2023 年 8 月に検索）。その結果、525 件の学術論文がヒットしました。これらの論文のうち、小学校と中学校の通常の学級を舞台とし、担任教師が実践を行っている具体的な実践の報告は、2014 ～ 2023 年に発表されたわずか 8 件に留まりました（論文全体の 1.5％）。そして「障害理解教育」や「交流・共同学習」、「コンサルテーション」などの報告を除いた上で「同じ場」で「共に学ぶ」ことを志向していた具体的な指導実践に関する報告は、2 件だけ（宮田他，2016；高岸他，2023）でした。実践を行ったことを報告する資料は、他に数多存在することが予想されます。けれども、今後のインクルーシブ教育の実践展開の方向性を教室での指導に基づいて、客観的な検証と分析を加えて、学術的な共通言語を用いた論文の体裁をとっているものは、上記の数に留まっておりました。故に、中山（2022）の危惧や懸念は、分離率の増加ばかりでなく、実践（研究報告）率の停滞という点からも裏づけられる格好になっているように見えます。実践の内容を広く共有するために、共通言語を用いて報告を学術情報にまとめあげるには、大学等研究機関の協力を欠くことはできないと思われます。実践率の停滞は、通常学級においてインクルーシブ教育が一般化するにはもう少し時間が必要であることを意味しているかもしれません。また、実践研究論文の公表数の停滞（少なさ）は、研究上喫緊の課題だと認識されているテーマとは、まだなっていないということだと

考えられます。

　では、この2編の実践研究の報告では、どのような教室における実践が示されているでしょう。

　宮田他（2016）と高岸他（2023）の実践研究の報告に共通しているのは、①中学校における指導実践であること、②特別支援学級の設置校であること、③大学（教職大学院）からの後方支援（宮田他［2016］では、福岡教育大学から、高岸他［2023］では、高知大学から）を受けていること、④核となる教師が教職大学院で教育研究に従事した経験を有していること、⑤実践の中心に据える考え方や実践の枠組み（宮田他［2016］では、心理教育と教育相談。高岸他［2023］では、生徒指導と集団育成）が存在することが基盤となっていました。そして、(a)生徒同士の関わり合いと学び合い、(b) 教師の積極的な生徒への関与を大切にしていました。したがって、大切にする教育の明確化が前提条件として重要であると考えられました。

　中学校や高等学校などの中等教育段階は、幼児教育や初等教育段階に比べて、分業体制が敷かれており、全校体制を築きあげようとする場合に、特別な取り組みを進める必要があります。伝統的に教育相談部会や生徒指導委員会などの取り組みは進められてきているので、この組織的な取り組みの良さや実績を生かすことができれば、不慣れなインクルーシブ教育についても、体制整備を行うことができるでしょう。報告のなされた2校の中学校については、そのような実績を生かそうとする試みの芽が存在していました。また、校内研修において、同じ場において、共に学び合うことができる指導場面を構成するために、専門性を発揮しつつ、担任教師の実践を意味づける、いわば校内コンサルテーションや内部的なパフォーマンスフィードバックが必要となります。しかし、実践の改善を行おうとする担任教師が、それらの助言を行う特別支援教育に明るい教師の専門性や教師としての資質・能力を高く評価していないと、その効果は不十分なものに留まってしまいます。ということは、報告のなされた2校の中学校では、校内に一人一人の教師の力量や実践に対してリスペクトする雰囲気や分掌間で相互に協力し合う雰囲気が醸成されていたことが推定されます。実際に、経験年数によらず、観察事実を前にしながら対等な立場で、問題解決に向かおうとする実践の様子が、これらの先進校では常態化していました。

それでは、これらの中学校2校の実践に学びながら、学校を起点とするインクルージョンをどのように進めて行くことが、今後の実践の中では大切になるでしょう。

4　学校を起点とするインクルージョンで大切にしたいこと

前節で取り上げた宮田他（2016）や高岸他（2023）の実践研究の報告では、児童生徒間の関わり合いと児童生徒と教師間の関係性が、通常学級においてインクルーシブ教育が成立するための前提条件となっていました。児童生徒間でも、児童生徒と教師間でも、求められるコミュニケーションスキルが明確にされ、それを修得できるよう練習できる機会が保障され、それを発動することができる機会も常態化していました。コミュニケーションを円滑にするこれらの関わり合いや関係性は、社会関係資本（Social Capital）であると言えます。社会関係資本とは、他者との信頼関係に根ざした互酬的なつながりもネットワークのことです。これを応用行動分析の用語で説明すると、相互強化の関係が成立していると説明できます。

図4-1に、相互強化の関係に関する模式図を示しました。二者間の関係を例にとると、事態を単純化でき理解しやすいので、模式図は二者間の対人相互作用を取り上げています。

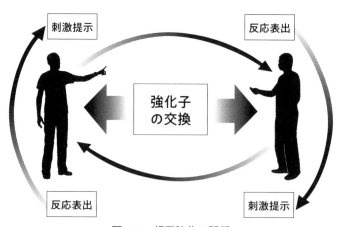

図4-1　相互強化の関係

　たとえば、ある人物の言葉がきっかけとなってもう 1 人の人物の言葉による応答がなされ、それが最初に言葉を発した人物に届いて、その人物の発言や他の行為を促進するようなことがあったとします。このような事態において、最初に言葉を発した人物は、他者の反応によって、強化されたことになります。その上で、この人物の様子がもう 1 人の人物の発語や行為を引き出し、それを強めることになった場合には、もう 1 人の人物の発語や行為も、強化されるという関係が成り立ちます。このように、二者が互いに強化子を与え合い、強化子の交換につながるという場合には、相互強化が成立していることになります。

　インクルーシブな教育環境では、児童生徒同士の間にも相互強化が成立し、児童生徒と教師の間にも、教師と外部専門家との間にも、相互強化の関係が成り立つことが理想的です。このように拡張していく相互強化の環は、お互いの望ましい意識・態度・行動を強める方向に作用するので、適切な社会的な振る舞いの自然な促進が達成されます。また、不適切であったり、その場にそぐわない行動や活動には、強化子が伴わないという形になる（模式図上）ために、それらは強化されて増強することはなく、次第に影を潜めるという減衰の経過を辿ります。そのように減衰したり、不安定な形でしか生起しない行動は他者の手がかりにはなりにくいために、結果として社会的に意味をもたなくなります。最初は、着実なモニタリングが必要になりますが、やがて自動化するようになると、そのような丹念な観察と報告は必要なくなるでしょう。

　社会関係資本ないし相互強化の関係が成立する下では、心身の健康が保たれ、社会的活動が促進され、数々の職業的成果をあげうることが知られています。精神的な健康や社会的な健康度が高まり、心身相関の影響によって、身体的な健康も保たれます。現に、抑うつや神経症圏の課題が緩和されることは、広く知られた事実です。

　たとえば、経済協力開発機構（OECD, 2021）は、主観的満足度の高い生活環境に置かれた児童・青年は、そうでない児童・青年よりも高いウェルビーイングを実感し、学業的な不安に苛まれる傾向が弱いことがわかっています。故に、特別な教育的ニーズを有する子どもを含む全ての児童生徒にとって、学校や家庭が安心できる場であって、高い社会情動的スキルを発揮して生活上の適

応を達成することができ、各自の努力が相応の評価を受けることは重要なのです。そのような意味でも、インクルーシブな教育環境が形作られ、誰しもが分け隔てられることなく、自分の持ち味を発揮しながら、自分らしく生きていくことができる社会の創造は重要です。そのような環境の下で、相互に支えを受けながら自分自身の強みを発揮して社会創造の一翼を担うことができるという実感は、自己有能感を高めることにも確実につながっていくでしょう。その意味で、全ての人が経験することができる学校という場が、インクルージョンの起点として機能することはとても重要で、意義あることと考えられます。

引用文献

Bond, G. R., Lochett, H., & Weeghel, J. V. (2020) International growth of individual placement and support. *Epidemiology and Psychiatric Sciences, 29*, 1-3.

堀智晴（2017）インクルーシブ保育の意義とその実践上の課題．保育学研究, **55**, 84-99.

宮田史子・西山久子・納富恵子（2016）心理教育的援助による国語科帯単元学習指導法の展開―通常学級で特別支援教育を実践するということ―．福岡教育大学大学院教職実践専攻年報, **6**, 47-54.

中山忠政（2022）なぜ、教育におけるインクルージョンは、進まないのか．福祉社会学研究, **19**, 71-88.

OECD（2021）*Beyond academic learning: First results from the survey of social and emotional skills.*（矢倉美登里・松尾恵子訳（2022）社会情動的スキルの国際比較．東京：明石書店．）

高岸愛娘・松本莉子・青木美和・小松浩・是永かな子（2023）小規模中学校におけるインクルーシブ教育．高知大学学校教育研究, **5**, 153-161.

UNESCO（1993）*Teacher education resource pack: Special needs in the classroom.*（落合俊郎・堀智晴・大屋幸子（1996）一人ひとりを大切にした学級経営―ユネスコがめざす教育―．東京：田研出版．）

第 II 部

学校改善を引き起こす
具体的な実践とその課題

第 6 章

学校改善を見据えた学校経営

花生典幸

　学校経営方針は、羅針盤に喩えることができます。羅針盤が示す方向に舵を切り、目的地に辿り着くことができるよう乗組員は一致団結して操船します。学校でも、学校長はじめ教職員がチーム一丸となって学校経営にあたることで、学校教育目標を達成できます。本章では、学校経営方針をいかに明示してその浸透を図るか、子ども本位の教育をどう実現するか、学校改善の取り組みをいかに進めるかを、学校事例を基に説明します。

1　学校経営方針は「長い航海のための羅針盤」に喩えることができる

　新年度がスタートする4月、学校で最初に学校長が手がける大事な仕事が「学校経営方針」の提案です。時間的な余裕がない中、それでも頭を捻り、満足のいくものに仕上げて、学校長は具体的な内容を先生方に示さなければなりません。それは、たいへん骨の折れる仕事であり、学校長の組織マネジメント能力が露わになる瞬間でもあります。学校長（特に新任学校長）は、「『学校経営方針』の提案」により、自身の教員としての来歴を改めて振り返ることになります。これまで培ってきた教育観の核に何があるのか再確認し、描く「経営方針」の内容を精査し、学校長としての自身の考えや願いが過不足なく盛り込まれるよう、吟味を重ねます。

　学校という器を大型客船に見立てると、「学校経営方針」は、航海に必須な羅針盤の役割を果たすものです。これから1年間の旅の出発にあたり、船はどこを目指し、針路をどう選んで進むのかという見通しを示すものだからです。この「学校経営方針」は、乗組員に該当する教職員の行動指針につながるものであるため、可能な限り簡潔で、わかりやすいものにすべきでしょう。1年間という長い時間をかけて行う〈学校づくり〉の営みは、学校長・教頭の管理職だけで担えるものではありません。学校に所属する教職員全員が、同じ方向を目指し、同一歩調で進んでいきます。それが何より肝心なことになります。そのために、見てすぐに了解でき、何をなすべきかが示唆されていて、やってみたいと思える事項が盛り込まれることが理想となります。

　個性も経験も異なる教職員をまとめ、能力を結集し、緊密な協力や信頼を得なければ、折々に生起する課題を解決することはかないません。子どもたちに良い教育的効果をもたらすことも困難になるでしょう。したがって、経営方針についての共通理解を円滑に図ること、教職員の確かなコンセンサスを得ることは、学校のスタートを左右する重要な意味をもちます。方針の柱や方向性を正しく理解し、各先生方が担う校務分掌について、どのような方策を提案すればよいのかを具体的にイメージしてもらうためには、説明も明解にする必要があります。

令和4年度　八戸市立小中野小学校　学校経営の方針

校　長　花　生　典　幸　　**A**

1　学校経営の理念

子ども本位

信頼される学校　　　　*目の前の子どもたちを見て*　　　　**笑顔があふれる学校・学級**
その子のための教育をする

ミッション（使命感）　　　　　　　　　　　　　　　　**教師による「心の居場所づくり」**
パッション（熱意）　　　　　**一人一人に寄り添って**　　　**子ども同士の「絆づくり」**
ハイテンション（本気で）

2　学校経営の視点
　（1）子どもたちが意欲をもって，**主体（＝自立・自律）的に学習に取り組む力を育てる**
　　① 校内研究の充実　→　昨年度の**成果・反省を生かして**，校内研究の日常化を促進する
　　　　→ 授業のねらいを達成するために，子どもの思考を促すような「発問」や「学習課題」，主
　　　　　体的な問題解決が図られるような「授業展開」を工夫する
　　　　　　　　　　　　　　　　　　　→ 一人一人がじっくり問題と向き合い，考える
　　　　→ 個々の考えの先に （**対話**） を効果的に取り入れ，主体的・共同的な課題解決を促す

　　よく「きく」子は伸びる　　・話を集中して「**聴く**（聞く）」→ 学習効果アップ
　　　　　　　　　　　　　　　　・話が「**効く**」→ 説得力のある言葉・指導
　　　　　　　　　　　　　　　　　　　　　　　　　学習効果アップ　きまり・約束を守る
　　　　　　　　　　　　　　　　・気が「**利く**」→ 先を見通して行動　周りを思いやる
　　② 学校だけでなく，家庭でも主体性を養う → 一人一台端末の有効活用　家庭学習の習慣化

B

　（2）「**キャリア教育**」**の推進** を柱に，子どもたちに豊かな心と健やかな体を育む
　　① 家庭と連携しながら，**基本的な生活習慣・規範意識を育てる**

　　元気なあいさつ・返事（反応）　　　**きまり・約束・マナーを守る**

　　② 地域の教育力を生かした体験活動と学習の充実

　（3）「信頼される学校」「笑顔があふれる学校・学級」づくりの推進
　　① 先生方それぞれの持ち味や個性，力量を存分に発揮して，学校・学級を"前に進める"
　　　　→ 2年目の「**ミッション（使命感）・パッション（情熱）・ハイテンション（本気で）**」
　　② 子ども一人一人に目を向け，「教師による心の居場所づくり」「子ども同士の絆づくり」

3　学校教育目標・努力目標
　（1）教 育 目 標　「かしこく　やさしく　たくましく」
　（2）努 力 目 標　　自分の頭で考え　行動する子　　　人を思いやり　なかよくする子
　　　　　　　　　　　　健康で　進んで体をきたえる子
　（3）学 校 目 標　**主体的・自立的に学習に取り組む子どもの育成**
　　　　■ 子どもたちの学習意欲と主体性を喚起するような授業の工夫（授業改善）

重点施策
　① 学習意欲を喚起し，授業のねらいを達成するために，思考を促すような「発問」や「学
　　習課題の設定」，効果的な「授業の展開」を工夫する。
　② 子どもたちが授業において，主体的に課題解決ができるように，効果的な「対話」のあ
　　り方を工夫しながら授業をつくる（壁にぶつかった時こそ「対話」が必要になる）。
　③ 一人一台端末（クロームブック）を有効活用しながら授業改善を進め，子どもたち一人
　　一人に自立的に学習に向かう姿勢を育て，習慣化を図る。

図6-1　学校経営方針の図解（左）

4　学校経営の方針（令和4年度の重点施策）

（1）学級経営の充実
① 子どもたち一人一人に向き合い，「心の居場所」づくりを進める
② 発達の段階に応じた学習規律・生活規律の確立と望ましい人間関係の形成（「絆づくり」）
→ **子どもたち個々の内面に寄り添った，ていねいな児童理解をベースにして**

（2）確かな学力の向上
① 基礎的・基本的な学力の確かな定着の保障
　・学力検査の結果の分析と活用　　・計算テスト／漢字テスト週間の充実
　・子ども一人一人のつまずきに応じたていねいな個別指導
② 子どもたちの主体性を育むための問題解決的な学習の実現（積極的な授業改善）
③ 校内研修の充実　→　校内研究の成果の共有と日常化の促進
→ **「わかりましたか？」「はい」をやめて，「わからないところはどこですか？」と問う**
④ ICTを効果的に活用しての授業の「見える化」「焦点化」「共有化」
→ **クローム・ブックの有効活用　　家庭学習やオンライン授業，その発展の可能性をさぐる**
⑤ 読書指導の充実（「読み聞かせ」の時間・「読書タイム」の充実）
⑥ 新しい日課表と「モジュール国語」の実施管理 …… 子どもに向き合う時間／ゆとりの創出

（3）豊かでたくましい心の育成（キャリア教育の推進とも深くかかわる）
① 体験的な学習や総合的な学習を充実させて，"学ぶ意欲・働く意欲"を向上させる
→ **総合的な学習の時間の確実な運用（コロナ禍を乗り越えての地域連携）**
② 他者とのかかわりを通して，自尊感情や自己有用感を高める。
→ **価値ある活動をしかける　　自分のよさを再認識し，自分を育てる**

（4）じょうぶで健やかな体の育成
① 運動タイム（業間のマラソン・なわとび運動の充実）を活用した体力づくりの推進
② 家庭と連携した基本的な生活習慣の形成と育成
　（『早寝・早起き・朝ごはん』の習慣化・虫歯0をめざす『歯の衛生指導』の充実）
③ 講師を招いての食育塩字の推進

（5）生徒指導の充実（いじめ0・不登校0をめざして）
① カウンセリングマインドによる心に響く指導といじめの未然防止（こなアンケートの定期的な実施と聞き取り・相談を活用して）
② 気になる子どもに対する全体での情報共有（職員会議等での情報交換と共通理解）と早期対応ならびに組織的な指導の充実
「のびゆくちぐさの子」をもとに情報共有と共通理解　→　早期対応・組織的な指導
（6）特別支援教育の充実
① 気になる子ども一人一人の教育的ニーズの把握と個に応じた適切な指導・支援の充実（職員会議等での情報交換と組織的な対応）
② 保護者との連携を含めた校内支援体制の整備と「個別の指導計画・支援計画」の作成と活用
「のびゆくちぐさの子」をもとに有と共通理解　→　迅速で組織的な対応

（7）家庭や地域の教育力を生かした地域密着型教育の推進・充実
① 保護者や地域の教育資源・人材を活用した活動の充実
② ボランティアによる「読み聞かせ」の継続と学習支援ボランティアの積極的活用
③ 学校だよりや学級だより，学校ブログ等を活用しての情報発信

（8）安全・安心の実現と防災教育の充実
① **子どもの「命」最優先**（事故防止に万全を期する）
　→ 自他の命の尊重＝いじめの防止　　安全指導（**危険予測・回避能力の育成**）の充実
② 施設設備の安全管理と安全対策・防災教育・避難訓練の充実
③ 学校内外の安全点検および環境整備を基底にした子どもたちの安全確保の徹底
アンテナをいつも敏感にして　　"子どもの心は見ているものに染まる"

図6-1　学校経営方針の図解（右）

　ここで学校経営方針の例を示します。実際には、A3判1枚に集約して全体像がつかめるように工夫します。

　図6-1の左側には経営方針の大きな柱が、右側には具体的な重点施策が記されています。学校経営の理念を、モデル図として示したものが図6-2です。経営方針の柱の中で、特に大事にしている部分（図6-1の線囲みのAとB）について、具体的に述べます。

　経営方針の根幹にあるのは、「子ども本位」という考え方です。噛み砕いていえば、"目の前の子どもたちを見て、その子どもたちのための教育をする"という言葉で表すことができます。学校の主役は、いうまでもなく〈子どもたち〉です。〈子どもたち〉と一括りにして呼ぶことも多いですが、もちろん子どもは、一人一人が千差万別です。それぞれにまったく違う個性や特性、長所・短所をもち、さまざまな家庭環境や事情をかかえながら、毎日学校に通ってきます。「子ども本位」という言葉には、そんな個々の子どもたちの成長や変化に丁寧に目を配り、温かく寄り添い、届く声に真摯に耳を傾けてほしいという願いが込められています。

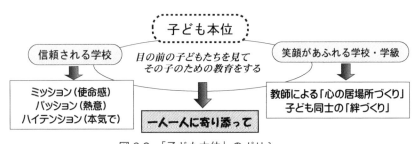

図6-2　「子ども本位」のポリシー

　近年、「個別最適化」という言葉を耳にすることが多くなってきました。しかし、人的な余裕や時間的なリソースに限りがある現在の学校現場において、それを十全に実現するのは、容易なことではありません。その前提を受け入れながらも、学校は、"目の前の子ども一人一人にしっかり向き合う"という"覚悟"を起点にし、先に進まなければいけません。

2　学校経営方針を具現化するために──ミッション（使命感）・パッション（情熱）・ハイテンション（本気）

　前節の図6-1で述べた学校経営方針に示した「めざす学校像」として、実際に先生方には2つの柱を示しました。1つは「信頼される学校」で、もう1つは「笑顔があふれる学校・学級」です。この2つの柱を中心に据えたいと考えましたが、保護者は、学校に多くのことを期待しています。確かな学力をつけてほしい、心豊かな優しい子に育ってほしい、良い友だち関係を築いてほしい、規範意識を身につけてほしい、などです。そして、その期待や願いを負託されるのは、主に学級担任です。学級担任は、管理職以上に、学校の「信頼」を確保・担保できるかどうかの大きな鍵を握っています。そこで、保護者の願いを適切に受け止めるためにも、1つ目の柱を明示しました。

　子どもたちが毎朝、元気に学校に出かけていき、夕刻満足げな表情を浮かべて帰宅することができれば、保護者は安心感と感謝を覚えます。このように、1つ目の柱にまつわる取り組みが2つ目の柱につながることを念頭に置きました。子どもたちの逞しく生きる姿が少しずつ明確になり、そのような日々が積み重なり、学級・学校への信頼が醸成されると考えられます。そこからやがて、2つ目に示した「笑顔があふれる学校・学級」が実現できるのです。この2つの柱を兼ね備えた「めざす学校像」に迫るために、先生方に求めたい構え・姿勢が、本節のタイトルに示した『ミッション（使命感）・パッション（情熱）・ハイテンション（本気）』です。

　このキャッチフレーズは、ある教育講演会の折に、明治大学の齋藤孝先生が紹介されていたものです。その一部の「ハイテンション」を、"本気"と読み替えて使用しています。このキャッチフレーズの意味するところは、「使命感と情熱をもって、子どもたちに本気で向き合ってほしいというものです。先生の本気が、子どもの力を伸ばし、大人の本気が子どもの未来を変える」というものです。このことを、先生方に熱をこめて伝え、繰り返し伝え続けていく必要があります。耳に残りやすいキャッチフレーズというものは、先生方にも受け入れられやすいようで、事実「単純でわかりやすい。取り組みやすい」と、話してくださる先生もいます。

　また、「笑顔があふれる学校・学級」を実現するためには、〈教師による心の居場所づくり〉と〈子ども同士の絆づくり〉が大事になります。子どもは本来、"善くなりたい・さらに伸びたい"と願う未来志向の存在です。そして教師は、その願いを叶えるための努力を基本的に厭いません。両者はこのような関係性の上にあります。子どもたちに寄り添い、自己有用感や自己肯定感を高められるよう、常にアンテナを高くして、その子どもの伸びや努力を感得し、積極的に褒め、温かい言葉をかけていくことが教師に求められます。その循環と繰り返しによって、子どもたちは、安心して教室の中に自分の居場所を見つけていけるようになります。そして、子ども同士の言葉と心を丁寧に橋渡ししながら、プラス志向の強い関係性（つながり・絆）を学級の中に構築し拡げていくことも、学級担任に課せられた大事な仕事です。この仕事もやりがいのあるミッション（使命）に違いありません。

3　「キャリア教育の推進」と家庭との協働

　「キャリア教育の推進」は、学校経営方針の大事な柱の1つになります。現在は、未来予測が難しいと言われている時代です。その意味において、キャリア教育の必要性・重要性は、さらに増しつつあると言えます。キャリア教育が目指すゴールは、子どもたちが将来豊かな自己実現を図ることができるよう、変化が激しい社会に出た後でも、主体的に学び続け、行動できる自立的／自律的な態度と能力を身につけることにあります。そのキャリアの"素地"を養っていくことは、学校教育（特に小学校教育）が担う大事な使命であると考えます。

　社会規範の揺れが憂慮される現代社会において、子どもたちの将来を見据えて、確実に教えなければならない価値や、着実に育てなければならない力があります。「不易」と呼ばれるものです。その不易の1つに、「基本的な生活習慣・規範意識」の育成があります。「基本的な生活習慣・規範意識」は、本来、家庭教育が主になって担うべきものという考え方が一般的でしょう。しかし、世の中の価値観が多様化し、家庭の教育力の低下や温度差が問題視されはじめてきたのに伴い、その影響は学校教育の現場にも及びつつあります。「あいさつの励行が子どもたちになかなか届いていかない」「忘れ物が改善されるのに時間がかかる」「きまりや約束を守る意識が低い」……家庭での育ちに期待がも

てない、家庭からの協力が得にくくなってきたなど、教師の間からはそのような声も聞かれます。多くの先生方は，そのような困り感も共有しています。

　〈ここまでは学校が、ここから先は家庭で〉。そういった「分業」や線引きが機能しなくなってきていることは確かです。しかし、そのままで済ませるわけにはいきません。「家庭に期待できなければ、学校がやりましょう」。そのような気概をもって、ある意味学校は肚を括って、家庭をフォローしていくことも今の時代は必要ではないかと考えます。一歩進めるために、覚悟を決めることも、学校長の大事な使命（ミッション）です。

4　学校カルテ「のびゆくちぐさの子」を活用した情報交換・共通理解

　図6-3の内容は、「具体的な重点施策」の中で、特に意識して取り組んでいる部分です。著者の学校を例にとると、【のびゆくちぐさの子】と銘打ったファイルを、5月に全教職員分作成しています。先生方は常時それを手元に置いて、職員会議や保護者との面談の際に活用していきます。このファイルには、子どもたち個々にかかわるさまざまな情報や状況が記されています。部外秘という扱いです。

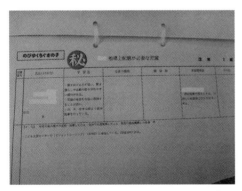

図6-3　学校カルテ「のびゆくちぐさの子」

　新年度が始まって1ヵ月あまりが過ぎた頃、「児童理解研修」と銘打つ研修会を行います。4月から学級を受け持ち、自身の学級の子どもたちの日常を見守ってきた学級担任は、特に気になる子どもの様子をよく見ています。その様

子について、指導上配慮を要する点や教職員全体で共通理解が必要な内容をそれぞれ抽出し、【のびゆくちぐさの子】のファイルに記載していきます。

　観点は、①学習面、②生活・行動面、③健康面、④家庭環境面、⑤その他の５つです。毎月１回開く職員会議で、このファイルを開き、情報交換と共通理解を全員で行います。学級の子ども個々の指導や支援は、その学級担任が行うだけでは完結しません。クラブ活動や委員会活動、たてわり清掃、休み時間での子ども同士のふれあいなど、子どもたちは学校の日常の中で、他学年の子どもや先生方と縦横無尽にかかわり合いながら生活を送っています。そのような関係性の中において、それぞれの先生方が、その子どもの特性や事情をある程度理解していれば、かける言葉や寄り添い方が自ずと変わってくるはずです。つまり、その子どもの指導や支援を"学校の教職員全員で行う"というスタンスを作ることができます。そのための共通の土俵になるものが、この【のびゆくちぐさの子】です。

　にわかには目に見えませんが、子どもは日々成長や進歩を続けています。また、それとは逆に、大きな環境の変化や思いがけないつまずきにさらされ、予期しなかった不安や心配を抱え、心を痛めているといった場合もあります。【のびゆくちぐさの子】は、そのような子どもたちの"育ちの現在"について、教職員全員で率直な意見交換を行い、具体的な手立ての在り方を相談し、共通理解していくための、いわば作戦基地の役割を果たすものです。この取り組みのベースにあるのは、先に述べた〈目の前の子どもたちを見て、その子のための教育をする〉の「子ども本位」のポリシーです。

　校長が示す「学校経営方針」は、４月当初に教職員に一度示したのみで、万事うまく運ぶ、という性質のものではありません。「４月のスタートで示した学校づくりにかける学校長の思いや願いは、変わらず熱いままで、ぶれていない」「学校長は、相変わらずしっかり筋を通そうとしている」。先生方にはそのことを理解してもらい、その姿勢を、場面（校長のあいさつ・学校だよりなど）を変えながら、さまざまな機会を捉え、地道に、繰り返し伝えていくことが大事です。学校経営方針を起動させ、最初に血を通わせるのは学校長に他なりません。しかし、それに命を吹き込むのは、チームを支えてくれているそれぞれの教職員に他ならないからです。

第 7 章

学校経営の一翼を担う教師と組織の働き

吹越文代

　公立中学校において教頭として行った「環境づくり」について言及します。「子どもの成長」という教師の自己実現に挑戦することが、学校改善を引き起こすと考えます。その資質・能力が教育実践として存分に発揮されるよう、意図的に行った日常の取り組みです。マズローの「自己実現理論（欲求段階説）」を参照し、安心感のある関係づくりを通して、主体的な教育実践の連鎖を期待しました。

1　実践を支える視座

　本章では、公立中学校において、教頭として実際に行った「教師の資質・能力が存分に発揮される『意図的な』環境づくり」について言及します。

　教師は「子どもの成長に携わりたい」と思いこの仕事を選んだと思います。学校改善は全ての子どもたちの成長を願って行われます。つまり、教師の自己実現は学校改善を通して具現化されると考えます。しかしながら、多忙感や不安を抱える中では、その資質・能力が存分に発揮されることは難しくなります。また、各々に実践を重ねるだけでは、学校改善は現実のものにはならないと思います。換言すれば、学校改善には教師の力が存分に発揮されるような環境が必要なのではないかと考えました。教師の思いを体現する「こういうことをしてみたい」「こうしたらどうだろう」という一歩踏み込んだ実践の連鎖につながる環境づくりを模索しました。

　実践を支える視座として、マズローの「自己実現理論（欲求段階説）」の段階

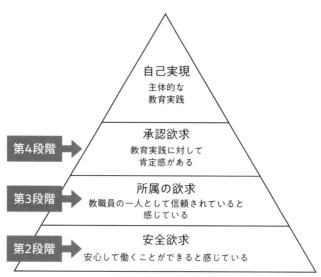

図 7-1　教師の自己実現段階の仮想図
※マズローの自己実現理論（欲求段階説）参照
キャサリン・コーリン他（2012）心理学大図鑑. 東京：三省堂，138-139.

を参照し、「教師の自己実現段階」として指標を設定しました（図7-1）。主体的な教育実践の連鎖が行われている状態を最終段階の「自己実現」とします。マズローの第1段階の「生理的欲求」は充足されていると考え、第2段階「安全欲求」、第3段階「所属の欲求」、第4段階「承認欲求」の各欲求が満たされたときに、教師は学校改善につながるような教育実践に挑戦する（自己実現につながる）という仮説のもとに行った日常的な環境づくりです。

　最終的には教師相互の関係の中で各実践力が磨かれることを期待します。学校の組織を①管理職（学校長、教頭）、②学年や校務分掌など、各組織のリーダー（教務主任、学年主任、生徒指導主任、研修主任、養護教諭）、③学級・教科担任、校務分掌の各担当の3グループに分けて考えます。どの段階の充足も、①の働き掛けから始まりますが、欲求の段階が上がるほど、②③の相互作用が高まり、①の直接的な影響は少なくなります。最終的には②と③が同僚性を発揮し、自律的な教育実践を通して学校改善が推進されることをねらいます。

2　安全欲求（第2段階）の充足──安心して働ける場としての認識

　「安全欲求」の充足を意識した環境づくりが最優先になります。心配や不安は教師がもつ能力を抑制してしまいます。職員室で教職員を見守る教頭の言動や配慮でできる環境づくりがあります。

　コミュニケーションが全ての基盤となります。教頭自ら、挨拶、労いの言葉、感謝、謝罪を伝えます。誰に対しても平等に声を掛け、明るい雰囲気づくりに努めます。業務については、担当者にその意向を尋ねたり、考えやアイデアを引き出す問い掛けをしたりするなど、一方的な指示ではなく、対話を重視します。組織的にも不安定な1学期は、リーダーとなって組織を牽引する教師、転入教職員、新しい役割を担うことになった教師には意識的に声を掛けたいものです。また、特別支援学級の担当者は、実態の異なる複数学年の生徒に向き合っているので、その指導に苦慮することも多々あります。悩みを共有できる教師も限られているので、教頭が気に掛けます。頻繁に学級の様子を聞いたり、時には直接教室に出向き、在籍生徒との交流を図ったりします。

　次に健康面での配慮です。本人と家族の健康が最優先されることを全教職員

で共有します。日常的には「さり気ない」観察と周囲からの情報収集が大切です。疲れている感じだったり、出退勤時間が変わったりと気になる場合は、声掛けの量を増やしてみます。場合によっては、声を掛けずに見守ります。親しい教職員から情報を得たりすることも有効です。何日も様子が変わらないときは、直接事情を聞くこともありますが、個人的な話をすることになるので、言葉、場所、タイミング選びなどに配慮します。また、休暇の取得も全教職員に繰り返し推奨するとともに、家庭事情や生活スタイルを考慮した働き方ができる雰囲気づくりを心がけます。しかし、補欠対応など誰かの業務に影響を与えることになるのであれば、積極的な休暇取得は現実のものにはなりません。往々にして教師は自分のことを後回しにしがちです。教頭は補欠担当者の決定や授業の調整に介入することができます。前後数日の授業や業務の実態と学年の意向を考慮し、一部の教師の負担にならないよう、授業交換やチームティーチングの持ち方を工夫するなど、柔軟な対応を提案します。教職員が休暇から復帰する場合は、初日から業務量が過多にならないよう授業や業務の調整を提案し、段階的な復職を可能にすることもできます。管理職が休暇を申請する様子も「おたがいさま」の感覚を醸成するために有効だと思います。気兼ねなく休める環境づくりを全教職員で行います。

　また、どんなに気をつけても、うまくいかないことや思いがけないトラブルは起きます。しかし、1人で悩みを抱えたり、何日も苦しい状況が続いたりする状態は避けることができます。前述の通り、生徒の成長を共有したり、気軽に話をしたりする関係が職員室内に構築されていれば、相談もしやすいですし、気が紛れることもあると思います。対応が長引いている場合は、管理職の介入が必要かもしれません。当事者の心情に配慮した上でということになりますが、複数の教師での対応や役割の変更などを提案（状況によっては指示）します。外部からの相談や苦情などに対しては、管理職が窓口となり、関係する教師への丁寧な聞き取りを通して、両者の思いを尊重した発展的な解決を目指したいものです。一方で、管理職がサポートされている様子も積極的に伝えます。教育委員会から助言を受けたり、関係機関と連携を図ったりする様子は、教師に協働的に業務を遂行するイメージを示すことになります。外部人材および外部事業を活用した学びの機会も積極的に設け、広い視野をもって教育活動を推進

する環境づくりをします。安全欲求の充足は、他愛のない会話と共感的な関わりの延長にあると考えます。

3　所属の欲求（第3段階）の充足——信頼感の自覚

　次の段階は「所属の欲求」の充足です。教師が管理職や同僚から、学校経営を担う1人として「信頼されている」と感じている状態です。良いパフォーマンスの根底にはこの「信頼感の自覚」があると考えます。管理職が信頼を示す機会として意識的に行った「環境整備」と「情報共有」について触れます。

　環境整備を通して、教職員一人一人への敬意と期待を伝えます。職員室内の整理整頓はもとより、机・椅子、デスクマット、名札、ファイルなど日常的に使用する物は頻繁に入れ替え、下足箱やロッカーなどの様子にも気を配ります。物品の購入など教職員の要望には極力応じ、不在の教職員や非常勤職員の机上にも気を配り、全ての教職員が快適に業務に当たれるよう環境整備に努めます。環境整備は教頭の裁量に委ねられています。

　次は情報の共有です。学校はさまざまな事案が多重に起きるので、他組織で起きていることを知らない場合もあります。対応中の事案については、（守秘義務に言及し、可能な範囲でとなりますが）全教職員でその内容と対応の方向性を共有し、理解や協力を仰ぎます。情報の伝達に偏りがあると、疎外感を感じてしまいます。組織の1人として信用するからこその共有であり、自分事として捉えさせることで組織力の向上を図ります。

　そして、回数は多くありませんが、信頼関係に影響を与える場面として「人事評価面談」「校内人事」「会議」で意識的に行ったことは以下になります。

　人事評価面談は教職員と個別に話ができる貴重な機会と捉えます。日頃の実践に対して敬意を表したり、新たな価値づけを行ったりすることができますし、教育観や今後のキャリアプランなどを聞くこともできます。面談で得た情報は、校内人事や研修の斡旋に反映させるなど、キャリア支援につなげることも可能です。このような傾聴を心がけた面談は、所属感を高め、管理職と教職員の信頼関係を強固なものにすると思います。

　校内人事は、教師にとって非常に関心が高く、信頼関係に影響を与えるものと認識しています。日頃の観察や本人の意向を踏まえ、管理職は、その資質・

能力が存分に発揮されることを期待し配置します。しかし、本人の意に添えないことも多々あります。本人の意に大きく反する場合や新しい役割を任命する場合は、その理由や期待を伝えるなど、前向きな気持ちで業務にあたれるような配慮も所属感の充足には必要です。また、校内人事では、業務量の平準化の視点も大切です。業務の偏りは不信感につながるので、授業時間数や主担当の数など、総合的に考えます。配布資料においてもその役割や平等性が伝わるように示すとともに、事情がある点については丁寧に説明します。それから、校内人事の中で非常に重要なのが、リーダーの決定です。特に、中学校では、学年主任の存在は大きく、学校改善においても中心的な役割を担っています。次年度以降の学校の姿も見据え、教育観や行動力を評価して任命します。管理職は期待を明確に伝え、自信をもって組織づくりができるようサポートしていきたいものです。

　そのリーダーと管理職で行われる主任会や運営委員会の持ち方が、各組織の運営に影響を与えると考えます。この会議が上意下達型であれば、各組織も同じように運営される可能性が高くなります。会議が各リーダーの意向を尊重し、建設的な話し合いができる場とするために、その持ち方を工夫します。進行は教頭が担い、参加教師の考えを引き出す問いを繰り返しながら調整を図ります。会議がリーダー同士および管理職との同僚性や信頼関係を育む場となり、この経験が各組織の運営に生かされ、教師各々の所属感が高まることを期待します。

4　承認欲求（第4段階）の充足——肯定的な手応え

　最後に教育実践に対する「承認欲求」の充足です。教師が自身の教育実践に対して肯定的な手応えを感じている状態を意味し、この段階を経て学校改善につながるような積極的な教育実践が行われると考えます。

　管理職にできることは、「方向性の共有」「肯定的なフィードバック」「研修主任のサポート」です。最終的には教師が、互いの実践を評価したり、改善に向けた話し合いをしたりする自律した教師集団となることを期待します。その自律的な教育活動への取り組みこそが、目指す学校改善であり、教師としての自己実現なのではないかと思います。

　まず、学校経営方針と校内研究の内容のすり合わせが必要です。学校長から

示される学校経営方針とその具現化に向けた校内研究の計画が、学校の方向性を示す物として挙げられます。研修主任の意向は反映させますが、学校長または教頭が研究計画の作成に介入し、経営方針との整合性を図り、全教師が同じイメージをもてるよう配慮します。全教師にその内容を浸透させるには時間がかかるので、年度当初の会議での共通理解に加え、管理職が折りに触れて言及することが大切です。行事のねらいと経営方針や研究内容を関連づけて共有したり、事後のフィードバックの視点として用いたりします。また、日々の授業や教育活動の中にその方向性が意識されるよう何度も意図的に扱います。

　方向性を意識する一方で、毎日の授業や教育活動で行われている各実践に対して、管理職は日常的にフィードバックを行います。各実践の価値づけはもとより、各組織または全体の中で相互の実践を認め合い、高め合う文化をつくる契機となることを期待しています。この方向性の共有とフィードバックは、同僚性を育み、組織的な学校改善を引き起こすものと考えます。

　加えて、研修主任のサポートを通して、研修体制を整えることもできます。校内研修は、学校課題や教師の実態に応じた学校独自の研修ができるので、管理職が日程の調整や研修内容の検討、外部講師の招聘などに関与し、研修の有効性を高めます。そうすることで研修主任は当日の運営に注力できます。教師が主体的に運営する研修は、教科や学年の枠を超えて学ぶ機会となり、同僚性を構築し、学校改善を促進させると考えます。あわせて、キャリア支援という視点からも、管理職が教師に対して外部研修への参加を推奨したり、特定の研修を斡旋したりすることも大切だと思います。研修の詳細に目を通す時間がなかったり、学校から離れることに抵抗を感じたりする教師も少なくありません。その研修の趣旨を伝え、前述のように補欠対応などの支援を通して、教師の学びを後押しします。研修後はその内容を共有する場を設けるなど、「学び続ける」組織を目指して学校改善の推進を図ることもできます。

　このような環境づくりにより、教育実践に対して肯定的な手応えを感じられるようになった教師は、自信をもってそれぞれの持ち味を発揮するようになり、学校を動かす一翼となるのではないでしょうか。

5　実践を支える意識

　これまで示した各段階の欲求の充足に向けた実践は、「信頼関係」と「小さなゆとり」に支えられています。希薄な人間関係や余裕のない状態では、どんなに良い取り組みであっても、その効果は期待できないと思います。

　信頼関係の構築を意識する場面はさまざまありますが、最も意識しなければならないことは、誰に対しても「人として」関わることです。校内では、立場上「教頭として」関わることになりますが、相手が教師でも生徒でも敬意をもって接することを心がけました。教職員に対しては、日々奮闘する様子を丁寧に観察し、多面的な理解を深めます。本人が当然のこととして行っていることや挑戦などに着目し、その価値を伝えます。自分のことをわかってもらえるのは誰でも嬉しいものです。その嬉しい気持ちは、同僚、そして生徒へと伝わり好循環につながると信じています。一方で、自らも学校改善に積極的に取り組みます。生徒や保護者に心を配る様子、教育活動に改善を加えるなど試行錯誤している様子が、教職員の言動に影響を与えます。その前向きな取り組みは、同僚性と信頼関係を育むとともに、学校が改善可能な場として認識され、教師の励みになると思います。

　管理職間では、情報の共有や打ち合わせを頻繁に行い、方向性を統一させます。教職員は管理職の言動に敏感で、方向性の異なる言動や曖昧な対応は不信感につながるので、常に気を配ります。教職員に何かを伝える場面では、管理職間で事前に内容のすり合わせや役割分担など、具体的な打ち合せを行います。これは管理職相互を補完するためにも有効です。生徒や保護者の様子に加え、教職員の様子も日常的に共有し、労いや感謝の言葉を通して、意欲喚起と信頼関係づくりに努めます。また、教職員に対して、口頭で共通理解を図ったり、注意喚起や指導を行うこともあるので、伝え方の工夫も必要です。相手の表情や全体を見ながら、落ち着いた雰囲気で、平易な言葉を用いてゆっくりと伝えます。全教職員にその真意を伝えるのは意外と難しいことですが、保護者や生徒との信頼関係に影響することもあるので、教頭の発言に学校長が補足を加えたり、別のタイミングで再度取り上げたり、内容によっては視覚化することも有効です。注意喚起や指導しなければならない場面は、毅然とした態度で伝え

るしかありません。教師や生徒への思いが基盤にあることが伝われば、信頼関係はむしろ深まるのではないでしょうか。

　最後に信頼関係の構築と同様に、「ゆとりの捻出」という最重要課題についても触れたいと思います。ゆとりは、新たな視点での思考や寛容な対応につながります。難しいことですが、管理職のちょっとした工夫と配慮でできることもあります。業務および教育活動については、①継続すること、②簡素化・組み合わせが可能なこと、③継続する必要がないこと、この 3 つの視点で見直し続けます。安易な改革は学力低下や学校不信の要因となるので、各教育活動の意義を踏まえ、総合的に考え協議します。これは、その学校にとって何が必要かという軸をもつことでもあり、管理職の裁量に委ねられています。

　また、教頭のちょっとした配慮で、教職員の心にゆとりをつくることもできるのではないかと思います。学校事情にもよりますが、カーテンやパーティションでの仕切り、椅子やテーブルの設置だけでもよいので、自席を離れて雑談や小休止ができる場を設けたいものです。また、行事後や学期末の職員集会や校内研修の際は、エピソードの共有やゲームなどを企画し、親睦が深まるような和やかな雰囲気づくりに努めます。少しの息抜きが、次への活力となりパフォーマンスの向上につながります。加えて、職員室へ出入りする業者や来客、電話への対応についても考えてみたいものです。業者へは滞在時間の短縮や場所の限定をお願いしたり、伝言や配布物を預かったりするなど、教頭は関係者以外の出入りを調整することができます。電話については、折り返しの約束をしたり、伝言を受けたりするなど、教職員の呼び出しは極力避けます。ひとつずつは小さなことですが、教職員が落ち着いて業務を遂行できるよう考えてみたい視点だと思います。

　大人も子どもも誰かに有効な言葉・配慮は、みんなに有効な言葉・配慮です。できることは限られているかもしれませんが、教頭にしかできないことが日常の中にあることを実感しています。「信頼関係」と「小さなゆとり」の上に日々の実践は積み重なっています。

引用文献

キャサリン・コーリン他（2012）心理学大図鑑．東京：三省堂，138-139.

第 8 章

学校改善のための
学校研究の展開

花生典幸

　学校研究は、教育実践上の課題解決を支えます。学校長は、講話なども活用しながら、課題を明確化し、解決の視座を示します。教師が授業を通じて教育実践を改善するように、学校長は講話を通じて学校経営を改善します。学校長の講話は信念や教育観を話題に溶け込ませることを通じて自身の「人間」を伝える営みで、フィードバックと省察なしに質的向上を図ることはできません。本章の後半では、講話の具体例を示します。

1　学校長が行う実践的研究活動としての講話

　学校研究とは、児童生徒の実態を踏まえて、学校教育実践上の課題をテーマとして教職員が主体的に取り組む研究活動です。学校長は先頭に立って学校研究を推進する役割を担います。校内では研究主任が中心となって、計画的に学校教育実践上の課題解決のための取り組みを進めます。よって、学校長が担う推進役としての機能は、研究主任を中心とする校内研究組織が十分に機能するように支えることになります。第6章で触れたように、学校教育実践上の課題は教育カルテなどを通じて校内で共有されていきます。一方、課題解決の道筋を示すツールとして、学校長の講話があります。

　「学校長がよい（価値ある・意義ある）話をすれば、学校は確実に活性化します。反対によくない話を続ければ、いつしか学校は停滞してしまう」。そう話す先輩の校長先生もいらっしゃいました。すなわち、学校長が価値ある・意義ある話を行い、学校教育実践上の課題を解決へと導く視座を示すことができれば、校内研究組織は活性化し、教育実践や学校改善を現実のものにすることができるのです。その意味では、学校長の講話は、学校研究課題を明確化し、解決の視座を与える学校長が行う実践的研究活動だといえるでしょう。

　学校長が講話する機会は山ほどあり、その重みはさまざまです。4月スタートの入学式の式辞を皮切りに、運動会や学習発表会、学期の始業式・終業式など諸行事での挨拶、保護者や地域との会合等におけるお礼（これらはどれも話し言葉によるもの）などが挙げられます。そして、毎月発行する「学校だより（学校通信）」や学校文集、研究集録等の巻頭言（これらはどれも書き言葉によるもの）も該当します。媒体としては、音声言語や書字言語という違いがありますが、言語を用いて、その言葉に価値や意義を埋め込んで、教職員とともに、子どもと保護者、地域のステイクホルダーに広く影響を及ぼすものが、講話であると定義できます。

　話し言葉による挨拶の場合、〈沢山の視線を浴びながら、ひとしきり話をさせてもらう〉〈一度に同じ場で、多くの人に投げかけることができる〉〈誰もが日常的に経験できるわけではない〉といった、稀有な機会となります。しかし、書き言葉の場合と異なり、推敲することが適わないために、毎回必ずしも満足

のいく結果では終われないというのが現状ではないでしょうか。一喜一憂し、人知れず反省し、次に向かってまた仕切り直す……〈校長挨拶〉には、常にこのようなもどかしさがまとわりついています。そして、①この結果を引き受け、②発した言葉の善し悪しを検討し、③省察を加え、④取り組みをデザインし直すというプロセスが学校研究の進め方と酷似しています。

　次の節では、学校長が行う実践的研究活動としての講話が、子どもの「こころ」に及ぼす影響について具体例を挙げて説明します。

2　学校長の講話が子どものこころに及ぼす影響

　実践的研究活動は、子どもの変容、そして、指導を通じて達成される教職員の変容、その総体としての学校教育実践上の課題の解決、それらを通じて達成される学校改善・保護者の変容という連関を生まなければ意味が薄れてしまいます。よって、学校長の講話についてもその効果・効用が検討されなければなりません。

　「子どもは校長先生の話を案外聞いているし、覚えてもいるものです」。新採用まだ間もない頃、ある会合の場面で、お世話になった当時の教頭先生が、そう話されていました。その教頭先生は続けて、「私が担任をしていた時に〈校長先生が良いと言ったから良いのだ〉という声を子どもたちから聞いたことがありました。それも1回だけでなく、たびたびです。低学年や中学年の子どもたちは、無条件に校長先生の話を受け入れていますよ」と言うのでした。そして最後に、こう付け加えられました。「それだけ校長先生の話は、大きな影響力をもっているということです。だから校長は、そうした子どもたちにしっかり応えるように、価値ある話をいつでもできるように努力していかなければなりません」。この逸話は、まさに学校長の講話がもたらす効果・効用の一端をよく表しています。

　学校長になり、その立場となって初めて子どもたちの前に進み出て、挨拶をした時の感動を忘れることができない校長先生も多いはずです。自分自身に注がれる子どもたちのまなざしからは、「この校長先生は、どんな人なんだろう」「どんなお話をしてくれるんだろう」、そんな緊張感や期待感に似た熱量が確かに伝わってきます。見つめ返すたくさんの子どもたちの瞳に気圧され、昂揚し

ながらも、一方で、自分にはこの子どもたちの期待に応える責任がある、そう強く感じると思います。目の前にいる子どもたちと一緒に過ごせる時間は限られていて、その時は刻々流れ去ってしまいます。そのように思う時、多くの校長先生は学校長として託された「挨拶・講話」の質にできる限りこだわり、内容を磨く努力を積極的に行うことになるでしょう。つまり、学校長の立場で行うことが許される教材研究です。

3　「校長講話」は、学校長にとっての「研究授業」

　学校長が行う挨拶や講話は、思いつきやその場任せではいけません。先生方が普段行っている授業と同様、計画的に話の流れを構成したり、言葉や内容を吟味したりしながら子どもにわかるように示さなければなりません。つまり、〈教師は授業で勝負する。校長は挨拶や講話で勝負する〉と言えるでしょう。そして、小学校の場合には、1年生と6年生の発達差はたいへん大きなものです。これらの大きな発達差のある子どもたちに、等しく価値や意義を知らせるには、相応の努力が求められるのです。

　挨拶や講話は、大局的な視点に立つと、"学校長が学校経営方針を具現化する"場にもなり得ます。方針の柱や内容にも直接的にかかわっています。ここは強調して子どもたちに伝えたい、保護者や地域に思いを届かせ、共有してもらいたい、そのような願いを話に溶かし込みながら伝えられる好機になります。保護者や地域の方々（＝大人）を対象にした挨拶では、主に学校長の信念や教育観を伝えることになります。それは敷衍すれば、図らずも学校長自身の"人間"を伝えていることもつながります。

　子どもたちを対象にした挨拶や講話の場合にも、上記と事情は変わりません。「校長先生は、ぼく（わたし）たちにこんな人間に育ってほしいと思っている。こんな学校にしたいと願っている」のような具合です。その場で直に声を上げることはありませんが、子どもたちは、学校長が発する言葉に耳を傾けながら、そんな思いを静かに心の中に拡げているに違いありません。子どもたち（実は子どもだけでなく、おそらく先生方も）は、「挨拶・講話」が学校長の〈授業〉であるということを、同じ場に臨みながら、肌で感じているはずです。学校長がそんな意識と緊張感をもって、子どもたちや先生方の前に立つかどうかで、

講話の質やレベルは格段に違ってくるでしょう。そして、伝わり方が変化することになるでしょう。

4　子どもの"こころに灯をともす"講話を目指して

　学校長の挨拶や全校朝会での「講話」は、子どもと対峙しながら、彼らに直接語りかけることができる場です。その機会は、数えてみると年間で100回近くにも及びます。1年生から6年生まで、発達段階に幅のある子どもたち全員に届かせ、なおかつ、理解してもらう必要があります。したがって、できるだけ難しい表現をつかわず、平易な言葉で話すことが求められます。まなざしを交わしながら、ストレートに伝える言葉は、訴える力が強くなります。臨場感がある空気の中で聞いた話は、印象がより濃くなり、受け止める子どもたちの心に浸透する度合いも高くなるでしょう。

　最近では、「校長講話」の際に、パソコンで作成したスライドを見せながら、プレゼンをすることが多くなってきました。現代の子どもたちは、耳（聴覚）だけでの情報処理が昔に比べて弱くなっています。家庭においても、多くの視覚情報（画像・動画）に囲まれて過ごすことが当たり前になり、学校の授業の中でそれらを自在に活用しながら学ぶといったことも浸透しつつあります。言葉だけでの伝達を画像や映像が補い、表現効果を上げます。これは、新しい講話のスタイルです。

　校長講話で取り上げる内容として、主に次の3つのポイントに沿って構想をふくらませ、計画をすることができます。
　① 校長の教育観や学校経営方針にかかわるもの
　② 子どもの知的好奇心（センス・オブ・ワンダー）を刺激するもの
　③ 子どもたち自身の振り返りや学校生活にフィードバックできるもの
　①〜③を意識しながら〈子どものこころに灯をともす〉講話を目指していきたいものです。以下に、筆者が学校長として行ったいくつかの例を示してみます。

(1)　講話の事例①　竹をモチーフにした「強さ」の話
　〈竹〉の生長をモチーフにして、〈強さ〉をテーマに講話を行いました。

　竹は、細く長く生長する植物ですが、実はとても強い植物です。雪の重みが加わったとしても、この写真（図8-1）のように、柔らかく重さを受け止めて曲がり、簡単には折れたりしません。曲がった後には、バネのように元に戻ります。これを〈しなやかな強さ〉といいます。……もう1つの竹のすごい点は、〈協力の強さ〉です。竹の根は地面の中で、横に這うように広がりながら、ずっと伸びていきます。まるで手と手をつなぎ合わせるみたいにです。だから地震がきても、竹が生えている場所は、安全だといわれています。みなさんにも、この竹を見習って、〈しなやかな強さ〉と〈協力の強さ〉をぜひ身につけてほしい、難しいことにぶつかっても、すぐに挫けたりしない強い子どもになってほしいと願っています。

　基本的に、講話は、子どもたちを対象にしたものですが、その場にいる先生方も一緒に耳を澄ませています。先に述べたように、先生方は学校長の話を聞きながら、学校長の教育観や学校経営の方針の一端を理解し、受け取っています。

図8-1　竹をモチーフにした「強さ」の話

（2）講話の事例②　ストレートな言葉で伝える「自立」の話

　2つ目の例を示します。〈自立〉〈一歩前へ〉と題する講話では、新しい学年のスタートの際にきまってお話をするものです。ある年には〈一歩前へ〉を全クラス分ラミネートして、掲示してもらうために配布をしました。〈今から・今なら・今さら〉は、冬休みが明けた3学期の始業式の時に取り上げる定番のお話です。講話後には、多くの学級担任の先生方が、教室でも話を重ねて話題

にしてくれています。先に述べた“講話が学校経営方針の具現化の場になり得る”は、このような先生方の様子からも見えるのではないでしょうか。心に訴える・心に響く話は、子どもたちのみならず、“先生方の心にも灯をともす”のだと考えます。

　〈「知る」ことは、「感じる」ことの半分も重要ではない〉とは、アメリカの海洋生物学者・レイチェル・カーソンの遺作になった『センス・オブ・ワンダー』という著書の中に出てくる言葉です。

　彼女は著書の中で、センス・オブ・ワンダーを、「神秘さや不思議さに目を見張るこころ」と定義しています。この言葉を講話の中で実現したい、子どもの「おもしろい・不思議だ＝好奇心」を刺激するものを提供したい、と考えた上で行っています。「今日の話は、なかなかおもしろかった」「なるほど、初めて知って驚いた」などの感想が聞かれています。実際にこころの中は直に見ることができませんが、伝えた話がそのような感想になって残ることをいつも期待しています。

（3）講話の事例③　「皇帝ペンギン」をモチーフにした成長の話

　3つ目の例を示します。世界で一番過酷な子育てをする生き物だといわれる〈皇帝ペンギン〉の講話を、2回にわたって行いました（図8-2）。

　　お父さんペンギンは、お母さんから渡された大事な1個の卵を、足の上に載せてずっと温め続けます。約4ヶ月間、ずっと立ったままで、えさもいっさい口にせずにです。ブリザードという嵐が来ても、仲間と体を寄せ合って、じっと耐え続けます。雛が孵る頃には、体重が半分にまで減っているそうです。

　子どもたちは、息を呑むようにして、写真のペンギンの姿に目をこらしていました。

　　ペンギンのお母さんは、卵を産むとすぐにお父さんに卵を預け、200キロ先の海に向かいます。体力を回復させて、生まれる雛に食べさせるための魚をとってくる必要があるからです。海までの長い道のりを必死に歩き、とった魚をお腹いっぱい溜めると、お父さんと雛のところを目指して、再び長い距離を歩いて帰るのです。ペンギンのお父さんもお母さんも、すごいですね。立派ですね。

そして、最後のスライドを見せながら、以下のようにまとめました。

　みなさんのお父さんやお母さんたちも、このペンギンたちに負けないくらい、いやそれ以上にみなさんが健康に立派に育ってほしいと願い、毎日みなさんをお世話してくれているはずです。今日までみんながすくすくと元気よく成長してきたのは、お父さん、お母さんのおかげですね。今日帰ったら、今のお話を思い出して、『ありがとう』と言える人が少しでもいれば、うれしいです。

図 8-2　「皇帝ペンギン」をモチーフにした成長の話

　センス・オブ・ワンダーをテーマにした講話では、この他にも「パンダの指」「シーラカンスの不思議」「カラスの知恵」「南極物語のタロ・ジロと第三の犬」などを取り上げました。

　学校経営方針の柱の１つである「キャリア教育」にリンクする講話も行っています。子どもの向上心や、より望ましい生き方について、意識の高まりを促すものを提案したいという考えから、子どもたちがよく知っている身近な人たちの意外な業績を取り上げることが多くあります。

(4) 講話の事例④　「さかなクン」をモチーフにした探求の話

　４つ目の例を示します。

　さかなクンのことを、みなさんはよく知っていますね。実はさかなクンがきっかけになって、世紀の大発見がもたらされたことがありました。それまで絶滅したと思われていた〈クニマス〉という幻の魚が、富士山の近くの湖でひっそりと生きていることがわかったのです。

　テレビなどでよく見るさかなクンですが、彼の大発見のことや興味深いエピソードの持ち主だということを、ほとんどの子どもたちは知りませんでした。素直に驚きの声を上げながら、感心している様子でした。「さかなクンの講話」で子どもたちに伝えたかったメッセージは、〈自分の好きなこと・興味があるものを見つけ、それを追究してほしい。そうすれば、夢や可能性は大きく拡がっていく〉ということです。

（5）講話の事例⑤　「大谷選手」をモチーフにした努力の話

　5つ目の例を示します。今をときめく、二刀流の偉大なベースボールプレイヤー・大谷翔平選手は、子どもたちのあこがれの的です。紹介した彼の高校1年生の時のエピソードは、特に高学年の男子の心を揺さぶったようです。

　大谷選手は、試合中でも、グランドにゴミが落ちているのを見つけると、進んでそれを拾います。アメリカの同じチームの仲間は、その行動をずっと不思議そうに見てきました。やがて、その理由がわかります。大谷選手は、高校時代に自分の目標（8球団からドラフト1位を受ける）を決め、それを実現するために、これから何をしていけばいいのか、高校生の時にじっくり考えたそうです。大きな目標に近づくための小さな目標（オープンウインドウ）づくりです。その中に、ゴミ拾いという目標も記されていました。〈ゴミを拾うことは〈運〉を拾うことと同じだ〉、高校の監督に教えられたその教えを、大谷選手は大事にしていて、一流選手になった今でもそれを実行しています。……だれもがいきなり素晴らしい成果を上げ、立派な人間になれるわけではありません。才能あふれる大谷選手であってさえも同じです。夢や目標の実現のために、みなさんも小さなことを大事にして、ていねいに努力していきましょう。

第 9 章

学校改善のための共同研究

坂本真季・和田恵

　現場で実際に子どもたちに関わる教職員と、民間企業や大学などの研究者が互いに手を取り合って、子どもたちへの支援方策を構築する取り組みが行われています。このように、立場の異なる実践家や専門家が、共通の課題について対等な立場で共に行う研究を「共同研究」と言います。研究機関と協働して研究を実施することにより、日頃の学校教育における指導や支援に関する問いを、科学的な立場から明確にすることができるのです。

1　共同研究とは

　社会の移り変わりに伴い、教育の場においては常に学び方や教え方のアップデートが求められます。たとえば、近年においては、子どもの多様な学びの実現を目指すギガスクール構想により、学校における ICT（情報通信技術）環境の整備が行われています。このように新しい試みを行う際には、現場での実践もさることながら、客観的なデータを収集し、科学的な分析によってその影響を検証することも重要です。ICT を例にとると、小・中学校における ICT 活用の実態調査（佐藤他，2023）や，ICT の利用時における健康に関する意識調査（平和・宮本，2023）などが行われており、教育現場への ICT 導入の影響がさまざまな側面から検討されています。研究によって得られた知見は、教育にとどまらず、福祉や心理のような多領域の現場にも還元されています。

　しかし、このような調査は、研究を主導する行政や大学、企業、民間の研究機関だけで完結するものではありません。学校教育に関わる調査を行うのであれば、実践に即したデータを提供することのできる、教育機関との連携が必要です。

　これまでも、現場で実際に子どもたちに関わる教職員と、民間企業や大学などの研究者が互いに手を取り合って、子どもたちへの支援方策を構築する取り組みが行われてきました。このように、立場の異なる実践家や専門家が、共通の課題について対等な立場で共に行う研究を、「共同研究」といいます。共同研究はさまざまな分野において行われています。教育分野においても「不登校問題」「いじめ問題」「教員のメンタルヘルス」など、学校改善につながるさまざまなテーマで共同研究が行われています。

　研究機関と協働して研究を実施することにより、日頃の学校教育における指導や支援に関する問いを、科学的な立場から明確にすることができます。それらの知見が学会発表や論文という形式で形になっていくことによって、「根拠に基づいた実践（Evidence-Based Practice）」が可能になるのです。根拠に基づく実践とはもともと、医学に関連する領域で使われてきた用語です。医療関係者がもっとも信頼できると考える客観的な根拠を提示した上で、患者一人一人の状態を考慮した医療を行うための行動指針です。治療者側の経験則に頼る

だけではなく、研究の蓄積とその知見の効果的な活用を重視することができます。そして、ヘルスケアの質を向上させるとともに、不必要な医療行為を可能な限り低減させることが期待されています。この動向は医療関連領域のみならず、教育領域においても急速に広まってきています（石井，2015）。根拠に基づく実践の理念は、発達障害のある子どもたちを含む、全ての児童・生徒への支援に関わる教育実践の領域においても通ずるものがあります。医療と教育の違いは当然存在しますが、教員の経験則や直感のみに頼るのではなく、客観的な情報をもとに確かな理論的根拠をバックボーンとした支援計画を考えることが大切なのです。

　共同研究により得られた客観的事実や成果は、教職員への動機づけにつながります。これまで行ってきた実践に明確な意味づけがなされることで、「自分たちの取り組みは間違っていなかったのだ」と実感することができるのです。その実感は、教職員の自信となり、さらなる授業改善へのモチベーションにもなります。さらにそのモチベーションは、学校全体への改善につながり、ゆくゆくは地域発展の基盤ともなりうるのです。

2　共同研究実施の流れ

　共同研究はいかにして立ち上げられ、どのように推し進められていくのかという側面に着目しながら、例を 1 つ挙げてみましょう。ここでは大久保他（2020）の研究を紹介します。大久保他（2020）は、「学校規模ポジティブ行動支援」というプログラムを用いて、児童生徒の望ましい行動を支援するための介入研究を行いました。2 年間にわたり、年度を跨ぐことで対象者数の変動があったものの、各年度において児童約 250 名、教職員約 25 名が対象になった全校規模の計画です。

　研究開始に至った経緯として、まず、大久保他（2020）は元々、行動コンサルテーションや校内研修などを通じて、ある小学校とつながりをもっていました。そのようなかかわりの中で、少数の児童や学級の中で得られた成果を学校全体に広げつつ、特定の問題への対処に留まらず、予防的な側面に焦点を当てて検討をすることの必要性が提起され、当該の研究が計画されました。大久保他（2020）は計画の立案・監督を行い、学校職員が具体的な手続きの実施や

データの収集を行いました。注目すべきは、研究の実施に際してオンライン掲示板が設置されたことです。学校内外との調整を行う特別支援教育コーディネーターらを交えながら、積極的な意見交換ができる基盤が整えられました。これにより、関与する人員が多いにもかかわらず、介入の遂行にあたって綿密な連携を取ることが可能になりました。具体的に、研究は以下のような流れで進められました（図9-1）。

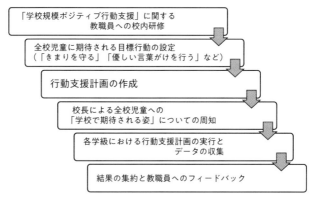

図 9-1　学校規模ポジティブ行動支援プログラム実施の流れ

　児童への介入は、どの学級においても同様の手続きで、同時に進められる必要があります。しかし、当然規模が大きくなるほど進行の管理は大変なものとなります。大久保他（2020）は、介入の途中で進捗の確認を定期的に行い、必要に応じて追加のワークを計画し、児童に実施しています。このように臨機応変な対応を可能にしたのも、連絡や意見の交換を活発に行うことのできるシステムが堅実に構築されていたからといえるでしょう。このような前例から、共同研究において、教育現場と研究機関との連携がいかに大切であるかがわかります。

　学校現場の実態や研究機関での問いを反映して研究テーマを決定します。その後、実現可能な形で支援・調査手続きが計画され、計画に沿って調査や介入が行われます。その中で得られた成果が学校の実践に活かされ、さらに理論が磨かれていくのです。得られた成果が教育現場と研究機関の間で往還することによって、共同研究後も持続可能な学校改善につながります。

3　研究計画と教育現場の実情との調整

　仮に共同研究を実施することになったとして、どのように連携しながら研究を推し進めていけばよいのでしょうか。学校として検討しなければならない問題があるのと同様に、研究機関にもさまざまな事情があります。まずは、これらの折り合いをつけることが大切です。本書の読者は主に教育関係者（院生等も含みます）であることが想定されるため、ここでは、研究機関としての考えを例に挙げて紹介します。これを読んで、互いがどのように心構え、調整を重ねる必要があるのかを考えていきましょう。

　研究機関が研究を行う際には、まず研究計画を立てるところから始まります。それには時期や手続きの流れだけでなく、なぜそのような属性の人を対象にするのか、なぜそれだけの人数が必要なのか、その根拠となる理論の検討が必要です。たとえば、和田・大石（2021）の研究では、小学校の教職員・児童の保護者を対象に、他者とのやりとりの具体的エピソードを収集する質問紙調査が行われました。この質問紙調査の対象となったのは、3〜4年生の児童を担任している教職員もしくはその保護者でした。このような場合は多くの関係者に研究参加の打診をすることになりますが、研究によっては、研究対象者の条件が大きく絞られるという場合もあります。特別支援教育の領域で、特定の障害をもつ児童への支援を検討する研究などは、これに該当するでしょう。

　2022年に文部科学省から「通常の学級に在籍する特別な教育的支援を必要とする児童生徒に関する調査結果」が公表されました。小・中学校の通常級に在籍する児童生徒のおよそ8.8％が特別支援を要することが明らかとなり、さらに発達障害への関心が高まっています。発達障害は自閉スペクトラム症（ASD）、注意欠如・多動症（ADHD）、学習障害などに代表されます。それぞれの特性や、日常における問題が発生する機序は大きく異なります。そのため、先行研究においては発達障害という大枠というよりも、それぞれの区分に絞って検討するものがほとんどです。このような研究において、たとえばASD児を対象にしたものでは、研究対象者は自閉的な特性があると判断されているという前提で理論が構成されています。しかし、ASD児を対象にしたいと想定していたとしても、実際に対象児の選定を始めてみると、ASDだけではなく

その他の障害・症状を併存していたり、ASD の疑いにとどまり医師による確定的な診断が下りていなかったりと、その実態はさまざまです。

　このように、共同研究において、研究計画における理想と学校現場における実情を完璧に合致させることは、一筋縄ではいきません。そのため、研究機関側と学校側での折り合いをつけることが大切になります。したがって、なるべく早い段階から、双方の考えを共有し、意見をすり合わせる必要があります。その他にも、どれくらいの研究対象者が必要となるのか、教職員の協力はどれだけ必要か、時期はいつ頃の実施になるのかといった部分が確認されなければなりません。たとえば、運動会と研究の実施時期が重なると、運動会の練習などで通常の授業が変則的なスケジュールとなり、データの収集が予定通りには進まないことがあるかもしれません。

　研究の概要説明を受けた段階ではうまくいきそうだと思ったとしても、詳しく打ち合わせてみると、当初の計画では実施が難しいことに気がつくこともあります。場合によっては、実施途中で想定していなかった事態が起こることもあります。しかし、どのような研究であったとしても、それらは最終的に教育現場に資するという意図で実施されているものです。特に、共同研究を行うことにより、研究成果の還元を直接受けることが可能となります。もしも機会を得ることがあれば、互いの事情を考慮しながら、定期的な打ち合わせをしていくことを心がけることができると、よりスムーズに共同研究を進めていくことができるでしょう。

4　実践と研究の往還を実現する学校支援プロジェクト

　最後に、教育現場と研究機関の取り組みの具体的事例として、上越教育大学教職大学院と学校現場が協働して取り組んでいる「学校支援プロジェクト」を紹介します。このプロジェクトでは、大学院の教員・学生と、学校現場の教職員がともに協力し合いながら、多種多様な学校現場での課題を解決するための取り組みを行っています。たとえば、「生徒指導困難校における"荒れ"克服」「若手教師の授業力を育むティーチャー・ローテーション・システムの構築」「総合的な学習の時間の充実」などが挙げられます。

　この学校支援プロジェクトの取り組みは大きく分けて、①学校支援フィール

ドワーク、②学校支援リフレクション、③学校支援プレゼンテーションの3つから成り立ちます（図9-2）。

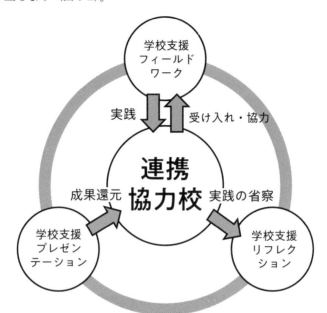

図 9-2　学校支援プロジェクトの構造

赤坂真二・西川純編著（2015）学び続ける教師になるためのガイドブック　成功する学校改善プロジェクト編―上越教育大学流　教師力アップの極意―.明治図書. を一部改変

①学校支援フィールドワーク

　まず、連携協力校から挙げられた「支援課題」に合った支援チームを編成し、連携校とともに支援テーマを設定します。そして、支援テーマの実現のための支援計画を作成し、実際の支援が始まります。

②学校支援リフレクション

　支援課題の解決のためには、継続的な取り組みが必要です。ねらいを見据えた協働を実現するために、連携協力校と大学において、現在取り組んでいる支援に関して協議し、方向性を確認し、評価、改善を繰り返します。

③学校支援プレゼンテーション

　学校支援フィールドワークと学校支援リフレクションの成果を整理し、連携

協力校などに対して、プロジェクトの成果を還元します。アンケート調査やインタビュー調査の結果を分析・考察し、連携協力校のその後の教育活動に活用できるようにします。

　このように、学校支援プロジェクトでは、学校支援にかかわる3つのパーツである、実践・省察（振り返り）・還元という一連の活動を行います。それを通して、支援課題の解決を通した学校改善、そして現場と大学の協働、実践と研究の往還、それぞれの力量の向上の実現を目指しているのです。

　教育分野における全ての共同研究において重要なことは、教育現場と研究機関との「信頼関係」ではないでしょうか。学校改善は一朝一夕で成しえるものではなく、研究によっては中長期のプロジェクトとなります。その中で、立場の異なる者同士が協働しながら同じ目標に向かって研究を推し進め、成果を積み重ねるためには、双方の丁寧な連携が何より必要不可欠なのです。

引用文献

赤坂真二・西川純編著（2015）学び続ける教師になるためのガイドブック　成功する学校改善プロジェクト編―上越教育大学流　教師力アップの極意―. 明治図書.

石井英真（2015）教育実践の論理から「エビデンスに基づく教育」を問い直す―教育の標準化・市場化の中で―. 教育学研究, **82**(2), 216-228.

平和樹・宮本友弘（2023）小学校におけるタブレット利用時の児童の健康に関する教員の意識調査. 日本教育工学会論文誌, **47**(2), 325-332.

文部科学省（2022）通常の学級に在籍する特別な教育的支援を必要とする児童生徒に関する調査結果（令和4年）について.

大久保賢一・月本彈・大対香奈子・田中善大・野田航・庭山和貴（2020）公立小学校における学校規模ポジティブ行動支援（SWPBS）第1層支援の効果と社会的妥当性の検討. 行動分析学研究, **34**(2), 244-257.

佐藤智文・吉中貴信・平野智紀・山本良太・石橋純一郎・杉本昌崇・山内祐平（2023）GIGAスクール構想におけるICT活用の小学校・中学校比較. 日本教育工学会研究報告集, **2023**(1), 112-118.

和田恵・大石幸二（2021）高機能自閉症児における命題的心理化の促進―社会的文脈を表す絵カードの開発―. 発達研究, **35**, 85-94.

第10章

教師の感受性と
省察を高める工夫

大石幸二

　通常学級における障害のある児童生徒の増加を踏まえ、全ての教師に特別支援教育に係る理解を深め、専門性を高めることが喫緊の課題となっています。この課題解決のために、現職研修の効果的な充実に向けた組織的対応が必要で、学校長には、そのマネジメント能力が期待されます。その際に教師の感受性や柔軟性、省察による改善が教室での指導が変わるために必要であり、これを達成するための理論追求に邁進しなければなりません。

1　特別支援教育に関する理解と専門性の向上

　2022年3月に「特別支援教育を担う教師の養成、採用、研修等に係る方策について（通知）」が発出されました。これは、通常の学級における障害のある児童生徒数の増加を踏まえ、全ての教師が、特別支援教育に関する理解を深め、専門性をもつことが重要となっていることを認識した上で示されたものです。そして、教師が児童生徒の障害の有無にかかわらず教育全体の質の向上に寄与することを期待して、そのための方策についてまとめたものです。全ての教師の特別支援教育に関する理解と専門性を高め、教育全体の質の向上に寄与するために、国ではどのようなことが重要だと考えているのでしょうか。そのために、学校長に求められる役割は何なのでしょうか。

　先述の通知は、先行して示された「特別支援教育を担う教師の養成の在り方等に関する検討会議報告」に基づいて発出されました。この報告では、各教師に、学びの充実のために児童・生徒理解を深め、教育支援の最適化を図ることを求めています。管理職である学校長にも、同様に特別支援教育に関する理解と経験、リーダーシップ（学校長のリーダーシップについては、第3章で言及しています）の発揮を求めています。以上を実現するために教師には（学校全体として）意識改革することが求められており、学び合う仕組みを（学校内に）効果的に設けることが必要だとされています。そのために、現職研修の効果的な充実に向けた組織的な対応が必要で、学校長にはその現職研修の組織的な対応に関するマネジメント能力（学校長に期待されるマネジメント能力については、第3章で言及しています）の向上が求められています。具体的には、①教師本人との積極的な対話、②教師本人のモチベーションを高める研修奨励、学びの契機と機会提供、③教師成長のための協働的な職場作りが挙げられています。

　さらに、1年遡った2021年11月に、中央教育審議会・令和の日本型学校教育を担う教師の在り方特別部会（2021）による審議まとめが提示されています。この審議まとめの中には、「現場の経験」という文言が認められます。この現場の経験とは、①自らの日々の経験から学ぶことと、②他者から（他者との対話を通じて）学ぶことの2つの側面が明示されています。また、これらの現場の経験が生かされるか否かは、教師が生き生きと活躍できる環境を整備す

ることができるかどうかにかかっているとの認識を示しています（けれども、その具体的な方法論やこれを計画的に推進するための道筋は示されていません。その理由は、相変わらず教育界では自己研鑽を基盤とする教育改革のイデオロギーが根強いためであると推測されます。このことは、応用行動分析の考え方からすると、弁別刺激は提示されるけれども、反応プロンプトと強化随伴性は整備されない⇒行動は不成立に終わることを予測させます）。

　以上をまとめると、これからの学校では、(a) 教師の意識改革を進めるための他者（同僚や関係者）との学び合いの仕組みの設定、(b) 現場の経験に準拠し、日々の経験から学ぶことができる教師による児童・生徒理解の一層の推進、(c) 現職研修等（教師が生き生きと活躍できる環境を整備すること）を通じての教師のモチベーションの高揚を行い、特に、通常学級に特別支援教育の実践を根づかせるために、これらの実践改善の取り組みを学校長が率先して行うことが求められているということです。しかし、これは難事業です。

　(a) の教師同士が学び合いを実質化するには、効果的に機能するどんな学校の風土や文化を醸成したらよいでしょうか。(b) の児童・生徒の意識・態度・行動に及ぼす教師の振る舞いを自覚するには、どのような補助・補強の手段を講じたらよいでしょうか。(c) の教師のモチベーション高揚に効果をあげるフィードバックをだれが・いつ・どのように提示すればよいでしょうか。これらは、各自治体（各教育委員会）や各学校の創意工夫に委ねられています。

2　教師の専門性を高めるための実践のサイクル

　先に紹介した審議まとめ（中央教育審議会・令和の日本型学校教育を担う教師の在り方特別部会, 2021）では、「学校教育が、その成果を十分挙げることができるかどうかは、教師の力に大きく依存していることは言うまでもない」と明記しています。教師自身の学びが深まり、児童生徒の変容を引き起こすことができ、意欲をもって職責を全うしながら、教師が成長し続けるためには、何が必要十分条件になるでしょうか。そして、通常学級に特別支援教育の実践を根づかせるための実践改善の取り組みを、「追い風」として生かすことはできないでしょうか。そして、そのための実践改善を中央教育審議会・令和の日本型学校教育を担う教師の在り方特別部会（2021）があわせて強調している「教師

が生き生きと活躍できる環境を整備する」契機とすることはできないでしょうか。

　図10-1 は、通常学級に特別支援教育の実践を一層根づかせるために、学校全体で進める必要がある実践改善の取り組みについて、模式的に示したものです。

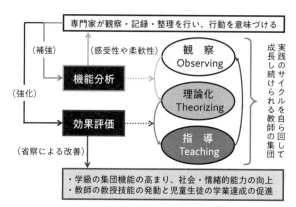

図 10-1　通常学級に特別支援教育の実践を根づかせるための学校全体で進める必要がある実践改善の取り組み

　まず教師には、前節で記したように、現職研修を通じて学びの契機と機会が提供されなければなりません。図10-1 に観察(Observing)→理論化(Theorizing)→指導 (Teaching) という実践のサイクルを示しました。これは、大石（2000）が現場研修と呼びならわしているものです。Peacock & Tilstone（1991）による "In-Service Education and Training of Teachers" の考え方を踏まえ、これを「現場研修」と和訳しています。放課後に教師が集まって行われる校内研修や教育研究所・研修センターなどが主催する教育研修会は、児童生徒が目の前に居ないことから、"Out-of-Service" の研修です。ところが、"In-Service"の研修とは、児童生徒が目の前に居り、彼らとの具体的な関わりを研修として位置づけようとするものです。したがって、現場研修が本格的に機能し始めると、教師に追加的な時間的負担を課すことなく、しかも（事後的にではなく）即座に指導改善・授業改善につなげられるものと予想されます。そして、児童生徒の学びの質の向上を目指していることから、先述した通知（文部科学省初等中等教育局, 2022）の趣旨にも適っています。

　ただ、日々の教室での指導（教師による、児童生徒との具体的な関わり）が現場研修として十分に機能するためには、上記の観察→理論化→指導の実践のサイクルが一人一人の教師によって辿られる必要があります。「観察」とは、児童生徒のどんな行動に着目するのか、観点を絞り込んだ観察と記録のことを意味します。児童生徒の様子を漫然と見るのではなく、ターゲットとして観るべき行動を明確にします。そのターゲット行動についての定義がなされれば、同僚の教師や外部機関の専門家とも共通理解が図られるので、有益です。また、「理論化」とは、教師がどんな働きかけをすると児童生徒がどのように行動を自発するに至るのか、「観察」の事実に基づいて、行動の予測を行うことを意味します。それが教師の関わりに関する仮説となれば、1 つの課題解決のためのアプローチになります。包括的な態度やスキル全体についての説明になれば、それは理論ということになります。「理論化」では、教師一人一人が児童生徒の変容のために必要な取り組みを展望し、計画的かつ効果的にその取り組みを実践するための枠組みを案出できるようになることを期待しています。さらに、「指導」では、「理論化」において生成した仮説を検証しながら、指導を進め、その効果を確認するモニタリングを行うことを意味します。指導案や略案等に示された授業を進めれば良いということではなく、指導実践を省察しながら、絶えず教授技術を更新することが期待されます。そして、「観察」と「理論化」、「指導」は一体のもので、互いに強く結びついています。PDCA サイクルを回すということが言われますが、現場研修はこれに近い考え方です。ただ現場研修の場合には、まず現状の確認（Check）が観察として行われ、観察に基づいて、変化を引き起こすと予想される計画（Plan）が立案されます。この段階が理論化にあたります。計画を実行 (Do) に移す際、仮説の検証に基づく改善（Action）を伴いますので、後から指導を振り返るのではなく、実践（実行）とともに改善が存在するという形になります。よって、現場研修は PDCA サイクルというよりも、Review（展望し）→ Program（仮説を計画に起こし）→ Practice/Improve（実践を絶えず更新しながら）→ Reflect（省察する）の流れに近いと思われます。

3　実践改善の取り組みを円滑に進めるための十分条件の保障

前節の図 10-1 に示した実践のサイクルを一人一人の教師が辿り、これを教師同士の学びに活用できる学校環境を創造することは学校長の職責となります。先の報告（特別支援教育を担う教師の養成の在り方等に関する検討会議, 2022）では、学校長のリーダーシップとマネジメントの力に大きな期待が寄せられていることが示されていました。たとえば、校外の関係機関との連携や多職種との協働を通じて、これらの職責を果たすことが考えられます。その典型的な形として巡回相談があります。なお、巡回相談については、第 13 章において詳述されています。

実践のサイクルを一人一人の教師が辿るためには、専門家が観察・記録・整理を行い、行動を意味づける活動が有益です。この行動を意味づける活動は機能分析と呼ばれます。また、教師が教室で行っている指導が学級の集団機能をいかに高め、児童生徒の社会・情緒的能力の向上をもたらしているか、その向上により教師の教授技能がいかに効果的に発動され、児童生徒の学業達成につながっているかを実感するための活動が大切です。この実践改善を直接引き起こす活動は効果評価と呼ばれます。そして、機能分析と効果評価の結果が教師に報告される活動は、パフォーマンスフィードバックです（第 3 章で詳述しています）。最初は、専門家の力を借りて、パフォーマンスフィードバックを可視化する試みが重要です。というのは、多忙を極める担任をもつ教師がこれらの取り組みを進めるのは、決して容易ではないからです。一方、パフォーマンスフィードバックに長けている外部人材も決して多くはないために、これら人材を育成することも大きな課題となります。

教室での指導技術に優れた教師であれば、パフォーマンスフィードバックを可視化した形で示す必要はないかもしれません。しかし、多様な経験と方向性を有する教師群が、学校において学び合いを深めながら特別支援教育を含む実践改善の取り組みを行うには、可視化（共通の土台に立って、対等な立場で検討するために資料を共有すること）の試みは極めて重要です。大石（2020）は、科学研究費助成事業により「義務教育段階のリアルタイム・モニタリング」という技術開発を手がけています。次に、その知見を紹介します。

　図10-2 に、実践改善のために開発したリアルタイム・モニタリングによる
指導技術の可視化の例を示しました。リアルタイム・モニタリングでは１回の
授業（小学校で45分間、中学校で50分間）を約５分間に集約し、パフォーマン
スフィードバックのための字幕を施して提示するものになります。

図10-2　リアルタイム・モニタリングによる指導技術の可視化

　市販されている安価な動画編集・加工ソフトウェアを入手することにより、
誰しもが、図10-2 に示されるような可視化の取り組みを行うことができるよ
うになりました。その際、教師が教室で行う指導のうち、環境調整、指示・教
示、プロンプト（児童生徒の反応を促進するよう補助や援助を行うこと）について
は、認める・褒めるのような随伴性管理に比べると、（それを検出するために）
研修（演習）が必要であることがわかっています（大石，2020）。この種の演習
を教師のリカレント教育の一環として位置づけて、教室での指導場面を読み取
る力を高めるために用いることで、実践のサイクルを回し、現場研修を実質化
させることが可能な教師の数を増やしていくことができます。

4　教師の感受性と省察を高める

　リアルタイム・モニタリングを含むパフォーマンスフィードバックの中には、
すでに述べた機能分析と効果評価が内包されています。これを活用することに

より、教師は実践のサイクルを自ら回すことができ、日々の教室における指導を研修として位置づけることが可能となります。そして、そのように日々の授業を研修と位置づけ、活用することが可能になれば、教師の職能の持続的な発達をもたらすことができます。学校は人材育成の潜在的な社会資源として再評価することが可能になります。リアルタイム・モニタリング技術の活用により教師の職能の持続的な発達に貢献できるならば、児童生徒に及ぼす影響も更新され続け、彼らの自立・自律を助けることに貢献できるでしょう。それ故に学校長のリーダーシップとマネジメントの力が必要であることを繰り返し指摘しました。

　ただし、この取り組みが成功を修めるためには、教師一人一人において、感受性や柔軟性が示され、省察を重ねるという行動のスタイルが示されるようになることが重要です。すなわち、教師が児童生徒のわずかな変化を見逃さない細やかで確かな目をもち、自分自身の表現（刺激提示）方法を柔軟に変えて、児童生徒に示すことができる場合には、彼らの可変性も高くなります。教師自身が実施した指導の、何がどのように作用して児童生徒の変容につながり、それが今後のさらなる変容をいかにして導くかを内省できるならば、パフォーマンスフィードバックは、教師の中で内製化されることでしょう。

　このような内製化を達成するには、教師には自分自身の指導実践を客観的に振り返り、これを対象化して捉える柔軟性と省察のスキルが必要となります。しかしながら、プライドをもって専門実務に当たり重い責任を担っている教師がそのような開放的な態度を絶えず示すことは至難の業であるかもしれません。そして、そのように自己防衛的な態度を目の当たりにした際に、その問題性を当該の教師にのみ還元するようなことが起こってしまうと、教師の防衛的態度はますます硬化することになり、開放性はかえって抑制されて、柔軟性と省察のスキルは発揮されにくくなってしまいます。よって、学校長でも、外部専門家でも、これら教師とのコミュニケーションの進め方については、十分に注意する必要があります。

　教師の感受性や柔軟性、省察による改善は、教室での指導が改善するためにきわめて重要です。このことは、教師の資質と関連するところがあり、その点は養成段階の課題といえるでしょう。また、教師に心理的に余裕があり、物事

を俯瞰して見ることができるか否かは、教師の力量と関連するところがあり、その点は採用段階の課題といえるでしょう。資質と力量に恵まれた教師が教壇に立っているということを前提にするならば、研修段階の課題は効果的に研修が積み重ねられ、専門性を高めることができるよう研修の体制を整えることになると思われます。すると、研修を担う専門家が教師の変容プログラムに貢献する必要があり、学校において現場研修を進める場合には、学校長とともにその教師の変容プログラムを創りあげる必要があると思われます。そのような協働を通じて、学校にもたらされる利益は先述した通りですが、そのことは同時に外部の専門家にとっても効果的な専門職同士のコミュニケーションの再考を迫ることになるに違いありません。

　本書の目的からは離れてしまいますが、専門家同士の解決志向的な相談活動は、行動コンサルテーション（加藤・大石，2004）と呼ばれます。行動コンサルテーションでは、観察事実に基づく行動の機能分析と児童生徒の変容を捉えることをその内容とする効果評価が重要な要素とされています。しかし、近年、コンサルタントである外部専門家やスクールカウンセラー、スクールソーシャルワーカー、特別支援教育コーディネーターが、いかに効果的なコミュニケーションスタイルを活用してコンサルテーションを実践しているかが重視されるようになりました。つまり、効果評価の対象としての従属変数が多様化してきたということがいえるかもしれません。具体的には、これまでのクライエントである児童生徒の変容に加えて、コンサルティである教師の職能発達・指導行動の変容とともに、上記のコンサルティの相談技能の深まりや実現しているコミュニケーションの豊かさについても評価の対象となり、児童生徒、教師、外部専門家の三者関係について、より包括的に見ていこうとする意識が高まってきていると思います。

引用文献

中央教育審議会・令和の日本型学校教育を担う教師の在り方特別部会（2021）令和の日本型学校教育を担う新たな教師の学びの姿の実現に向けて（審議まとめ）.
加藤哲文・大石幸二（2004）特別支援教育を支える行動コンサルテーション―連携と協働を

実現するためのシステムと技法―．東京：学苑社．

文部科学省初等中等教育局（2022）特別支援教育を担う教師の養成、採用、研修等に係る方策について（通知）．

大石幸二（2000）知的障害教育における「現場研修」への応用行動分析学のアプローチ．特殊教育学研究, **38**, 53-63．

大石幸二（2020）義務教育段階の教員におけるリアルタイム・モニタリングによる授業実践の質的向上（15K04253）．科学研究費助成事業・研究成果報告書．

Peacock, A., & Tilstone, C. (1991) *IT-INSET and special education*. In G. Upton (Ed.), Staff Training and Special Educational Needs. London: David Fulton Publishers, Ltd., 52-62.

特別支援教育を担う教師の養成の在り方等に関する検討会議（2022）特別支援教育を担う教師の養成の在り方等に関する検討会議報告．

学校改善を引き起こすために
使える素材とその活用

第11章

学校発信のツールとしての 学校だより

花生典幸

　学校だよりは学校と保護者・地域をつなぐ貴重なツールです。学校だよりにはメッセージ発信の機能があります。ただ、新型コロナウイルス感染症の世界的なパンデミックを境に、子育て支援、緊密な地域連携、危機管理のツールとしての機能が無視できなくなりました。紙幅の制限の中で、効果的・効率的にメッセージを伝えるという点では、第8章で言及した講話と似ているところがあります。章の後半では具体例を示しました。

1　学校だよりの「巻頭言」に託す学校長の思い

　毎月１回程度の割合で、どの学校でも、「学校だより（学校通信）」が発行されています。保護者・地域宛に、学校から送り届けるこの定期的な通信は、学校運営の状況や主な出来事を伝え、翌月の行事予定や子どもたちの活躍を紹介するなど、学校と保護者・地域をつなぐ大事なコミュニケーション・ツールの１つになっています。このおたよりで学校長が手がける「巻頭言」は、学校経営者という視点に立って学校長自身が綴る、保護者・地域への心を込めたメッセージです。そのため、どの学校長も、「巻頭言」を仕上げる際、内容の選択に慎重になったり、言葉を丁寧に選んだりするなど、頭を悩ませると伺います。

　校長先生によっては、「毎月の学校だよりのあいさつを考えるのが苦痛だ」「なにを書けばいいのか、いつも困ってしまう」など、プレッシャーを訴える方も少なくありません。校長になりたての頃の筆者も例外ではありませんでした。しかし、ある時点を境に、「学校だより」の巻頭言に取り組む姿勢を変える努力を始めました。きっかけになった考え・出来事は、２つあります。

　１つは、〈家庭の教育力の低下に対する危惧〉です。新しい学校に、学校長という立場で赴任した際、学校全体を視野に入れながら、子どもたち個々の現状についても俯瞰して見るという意識が、教頭時代に比べてはるかに強くなりました。その時に、新たに見えてきた不安要素が、〈家庭の教育力が明らかに下がっている〉という現実です。学校長という視座から見ると、それはいっそう切実な課題として迫ってきました。核家族化が進み、親が祖父母など身近な人から子育てを学ぶ機会が減少し、地域とのつながりも希薄になってきました。それに伴い、各家庭における教育差（教育力の差のみならず、教育に向ける意識の差も）や、子どものしつけと子育てに対する親の迷い・自信のなさが露わになってきました。

　そのことにより、学校の日常では、同じ言葉や文脈を用いて同一の指導をしても、個々の家庭での受け止め方に濃淡や温度差が見られ、双方に誤解やトラブルが生じるといったことがしばしば起きています。しかし、その責任を家庭だけに押しつけて済ませるわけにはいかないでしょう。親には親の都合や事情があり、ゆとりをもてない保護者が増えていることにも、学校は理解を示さな

ければいけないからです。多くの保護者が抱えている日々の忙しさに寄り添いながら、学校としてなにか提案できることはないだろうか、一見、揺れ惑っているように見える保護者の子育てを、側面からでもフォローできる手立てはないだろうか、そう考え、たどりついた手立ての１つが、「学校だより」の巻頭言でした。子育てのヒントになりそうなトピックや話題を提供したり、保護者がそれを読んだ後で自分の新しい気づきにつなげたりできる内容を巻頭言に盛り込んで、積極的に発信していこうとしました。子どもたちの健やかな成長にとっては、「子育て」と同等、もしくはそれ以上に「親育ち」は重要なことだからです。

　もう１つの契機は、３年に及ぶ長い期間にわたって学校に重くのしかかったコロナ禍です。コロナ禍がもたらした不安や影響は、社会のみならず、学校現場も大きく変えました。まず教育課程を当初の予定どおりに進めることが困難になりました。学校行事や多くの教育活動を中止にしたり、規模を縮小しての実施に切り替えたりしなければならなくなり、あらゆる場面で変更につぐ変更を余儀なくされました。それは、人と人との関係の在り方にも直接的に波及しました。学校と保護者との円滑なコミュニケーションや、地域社会との緊密な連携が制限され、気がつくと〈学校〉と〈保護者・地域〉の間には大きな隔たりが生まれていました。それでも、明日がしっかり見通せない状況で、学校の思いを届けようと、試行錯誤しながら発信の努力を重ねてきました。「学校だより」は、学校のホームページやブログと並んで、学校情報を発信するための大事な拠り所（ツール）になっていきました。一方通行の細い線かもしれませんが、それは、学校と保護者・地域の間を結ぶホットライン（生命線）の役割を確実に担いました。

2　子育て支援を目指した学校だよりの「巻頭言」

　本節では、学校だよりの「巻頭言」の事例を紹介します。「巻頭言」に記すことができる文字数を数えてみると、1,000 ～ 1,200 字程度の分量に過ぎません。その短い文章の中に、その時に伝えたい思いや内容を盛り込む必要があります。そのために、時候のあいさつや前説はできるだけ控えめにし、本題の“子育て支援”につながる内容にスペースを多く割くようにしました。

図 11-1　学校だよりにおける巻頭言の例①

　図 11-1 の表題にある「凡事徹底」は、ある工事現場を通りかかった際に、見つけた言葉です。現場で働く人たちへの注意喚起の意味で掲げられていた言葉ですが、「これは子どもたち（保護者）にも使える」と考えました。〈当たり前のことを、当たり前のように大事にしながら続ける〉。子どもたちにはもちろん、大人にもとっても大事な姿勢です。

　このおたよりについては、ある会合の折に 1 人の保護者からうれしいレスポンスをいだたきました。「しばらく前の校長先生のおたよりで取り上げていた〈凡時徹底〉という言葉、ウチの会社でも使わせてもらっています。日々の仕事に誠実に向き合うという姿勢を象徴するいい言葉ですよね」というものです。うれしい返答に、大いに励まされました。

　〈しつけや子育てに対しての親の迷い・自信のなさが露わになってきている〉と先に述べましたが、保護者から問われ、それに答えた一例が図 11-2 に挙げたおたよりです。先生という視点から教訓的な話題を提供するよりも、1 人の“大人の先輩”からの身近なメッセージという、たとえを含んだ内容の方が、保護者の印象に強く残るようです。

図11-2　学校だよりにおける巻頭言の例②

　また「ピグマリオン効果」や「肥料は根から離して」というトピック的な言葉はもちろんポイントですが、〈子育ては特効薬のない長期戦。子どもの伸びと成長をいつも期待しながら、長い目で見て、どうかかわって育てていくかが勝負です〉という箇所が重要だと考えました。

　わが子に対し自信をもって叱ることができない、子どもが間違いを犯したときに、上手に諫めることができない。そのように悩む親が増えているといわれています。学校現場（特に若手教員）でも、同様に見られる懸念事項の1つだと認識しています。背景の1つに、親自身が幼い頃にあまり叱られてこなかったといった要因があるのかもしれません。

　しかし、世の中（社会）には、守らなければならないルールや踏み越えてはいけない一線というものが厳然としてあるのも事実です。〈子どもだからといって、何をやっても許されるわけではない〉という厳しさ（現実）を、子どもたちは幼い頃から学び、しっかり心に刻んでいかなければなりません。子どものために、親だからこそできる本気の教えです。子どもたちは、〈正しい道を求めてやまない未来志向の存在〉です。それを信じて、大人（親・教師）の本気

を怯まず見せていくべきでしょう。

3　子どもたちの力の伸びや努力を保護者に伝える学校だよりの「巻頭言」

　毎日、学校で、そして教室で、子どもたちがどんなふうに過ごしているのか、保護者にはなかなか実態が見えません。そこを上手に補ってくれている側面も、学校から送られるさまざまな通信（学校・学級だより）は任っています。

　図11-3にある〈置かれた場所で咲きなさい〉という言葉は、長く続くコロナ禍の中にあって、不平不満を一切口にすることなく、日々ひたむきに我慢や努力を続ける子どもたちの姿に、心を打たれたことを象徴的に書いています。

図11-3　学校だよりにおける巻頭言の例③

4　先生の意識（足並み）をそろえる学校だよりの「巻頭言」

　学校だよりは、保護者・地域の方のためにだけあるのではありません。ふだん発行するものは、もちろん教職員も読んでいますが、最初から対象を教職員

に絞って、通信（番外編）をつくることもあります。

　〈学校の危機管理〉にかかわって作成したおたよりの場合、その内容を共通理解することで、それが共通実践に結びつき、有効性がさらに増します。学校現場でしばしば言及される〈報・連・相〉についても、図11-4のように文書にして配付することにより、先生方はそれを常に手元に置いて繰り返し確認できるというメリットが生まれます。

　教職員の意識や捉え方の温度差をなくし、同じ方向を向くように足並みをそろえることは、ひいては子どもへの指導や対応に一体感・共同歩調を創り出すことにつながります。

　第6章でも触れた学校だよりの巻頭言は、学校長が手がけられる学校経営方針の具現化のための小さな方法の1つです。しかし、その可能性を探っていくことには、大きな意味があるのではないかと考えます。

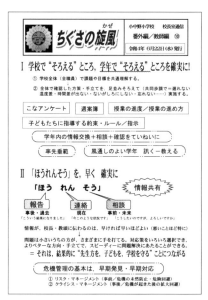

図11-4　学校だよりにおける巻頭言の例④

第12章

学校で進める事例検討会議

矢野善教

　学校では児童生徒の行動改善や支援体制の構築、教員の授業改善や対応力向上などに向けて教員や専門職での事例検討会議が行われています。近年学校にはさまざまな外部専門家が参加する時代に突入しており、多職種連携による実践が重要視されています。事例検討会議には対象の子どもの問題解決のみでなく副次的効果も報告されており、今後の事例検討会議のさらなる発展や課題も出てきています。

1　学校における事例検討会議の在り方

　学校では児童生徒の行動改善や支援体制の構築、教員の授業改善や授業力向上などに向けて教員間での情報共有を実施しています。事例検討会議は生徒指導提要（文部科学省，2022）によると「ケース会議」や「ケースカンファレンス」とも言われます。解決すべき問題や課題のある事例（事象）を個別に深く検討することによって、その状況の理解を深め対応策を考える方法です。事例検討会議の場では、対象となる児童生徒のアセスメント（見立て）やプランニング（手立て、ケースに応じた目標と計画を立てること）が行われます。事例の状況報告だけでは効果のあるものにはならないことに留意が必要です

```
参加者

（関係者）
・在籍学級担任              ・保護者
・通級担当                  ・本人
・特別支援教育コーディネーター  ・スクールカウンセラー
・養護教諭                  ・スクールソーシャルワーカー
・学年主任                  ・その他のキーパーソン
・管理職
（関係機関）
・福祉施設（児童発達支援センター、児童発達支援事業所）
・医療機関（児童精神科、精神科、小児科、心療内科）
・相談支援機関（教育相談所、教育支援センター（適応指導教室））
・必要に応じてその他の関係機関
```

```
事例検討会議のポイント
① 参加者が話しやすい環境づくり
② 会議の終了時間と目標設定
③ 会議で協議することと時間配分の設定
④ 参加者の意見・検討状況の可視化
⑤ ポジティブな声かけ
⑥ 次回の日程や連絡方法の設定
```

図 12-1　事例検討会議の参加者およびポイント

　事例検討会議の参加者は図 12-1 に示す通りです。学校側からは総責任者である管理職の先生、事例検討会議の対象となる子どもの担任の先生、通級指導教室や特別支援学級の設置されている学校の場合は担当の先生、特別支援教育関連の窓口となる特別支援教育コーディネーター、不登校や登校しぶりのある子どものエスケープ先となることの多い養護教諭、学年を取りまとめる学年主任の先生が参加することが多いです。また、文部科学省が掲げている「チーム

学校」の一員となっているスクールカウンセラー（School Counselor: SC）や
スクールソーシャルワーカー（School Social Worker: SSWr）が参加するケー
スもあります。SCやSSWrが参加する事例検討会議については次節において
詳説します。さらに、保護者や本人を加えて行う事例検討会議も存在します。
中学生や高校生など自分の意見をもっている生徒の場合、目標設定と振り返り
の期間などを本人同席のもとで確認し、支援を展開していきます。他機関には、
療育等を実施する児童発達支援センターや、虐待や養育困難家庭などの相談を
行う児童相談所、対象の子どもやその保護者が通院している医療機関、教育相
談等を行っている教育委員会諸機関などが挙げられます。

　事例検討会議の流れは、①課題の共有（目的と役割を明確にする）、②参加者
を選定する、③資料の収集と分析（事前準備を綿密に行う）、④全員が発言しや
すい雰囲気を作る、⑤解決策の模索（解決策を共有する）、⑥解決策の評価と改
善（アクションプランを策定する）、⑦実行計画の策定と実行です。これらの流
れはケースによって異なりますが、おおむねこのような流れで進みます。

　事例検討会議の最初のステップは、学校で直面する課題や問題点を共有する
ことです。参加者全員で話し合い、問題点を明確にします。たとえば、学力低
下、不登校、いじめ、教育方法の改善などが挙げられます。課題が明確になっ
たら、関連する資料やデータを収集し、分析を行います。たとえば、学校の成
績や出席状況、生徒や保護者からのアンケート結果などが挙げられます。分析
の結果を踏まえ、解決策を模索します。参加者全員がそれぞれの専門知識や経
験を生かし、アイデアを出し合います。たとえば、教育方法の改善、生徒や保
護者とのコミュニケーションの改善、カウンセリングの導入などが考えられま
す。提案された解決策について、評価を行い、改善点を洗い出します。解決策
の実施にあたっては、評価基準を設け、目標を明確にすることが重要です。

　具体的な解決策が決定したら、実行計画を策定し、実行に移します。実行に
あたっては、関係者全員が協力し、改善効果を最大限に引き出すことが必要で
す。また、実行の過程で課題や問題が生じた場合には、再度議論し、改善策を
模索することが必要です。事例検討会議の目的や役割を明確にし、参加者全員
が共通の目標に向けて協力できるようにします。具体的には、何を解決するた
めに会議を開くのか、どのような成果を得ることを目指すのかを明確にします。

事例検討会議には、教育現場に関わる教職員や生徒、保護者など、問題に関係する全ての人が参加することが望ましいです。特に、問題に直接関わる人や、その問題に対して熱心に取り組みたいと思っている人を選定することが重要です。事例検討会議を開催する前に、関連する資料やデータを収集し、分析を行うことが重要です。また、会議の進行に必要な設備や備品、飲食物などの準備も事前に行いましょう。事例検討会議では、全員が自由に発言できるような雰囲気を作ることが重要です。意見を言いやすい環境を整え、議論を活発化させることが必要です。また、適度な時間配分や議論の進め方にも配慮しましょう。

　事例検討会議では、参加者全員が出した解決策を共有し、アクションプランを策定します。解決策が実行可能であるか、適切な評価方法を設定できているかを確認することも重要です。学校現場での事例検討会議に関する研究論文は保育・福祉、医療の現場と比較すると少ないのが現状です。しかし、特別支援教育（インクルーシブ教育）の開始やチーム学校の構築などが文部科学省により叫ばれる中で、ホワイトボード事例検討会議や積極的行動支援に関連する事例検討会議が行われるようになってきています（田中，2021）。

　アメリカにおける特別支援教育には、法律に基づいて定められた「Individuals with Disabilities Education Act (IDEA)」があります。IDEA には、特別支援教育を必要とする児童生徒に対して、個別の教育計画 (Individualized Education Program: IEP) を策定し、実施することが求められています。IEP は、特別支援教育を必要とする児童生徒の現状評価と目標設定を含む、教育に関する計画書です。IEP は、児童生徒、保護者、担当教師、専門家、行政職員などが参加する事例検討会議において策定されます。事例検討会議は、児童生徒の進路や支援に関する問題を協議し、個別のニーズに合わせた教育プランを策定するための重要な場です。

2　外部専門家による事例検討会議

　学校にはさまざまな外部専門家が参加する時代に突入しています。本節では、外部専門家による事例検討会議の在り方について詳説します。外部専門家による事例検討会議については図 12-2 に示します。

　SC は心理的なサービスを提供する専門家であり、主にいじめや不登校、対

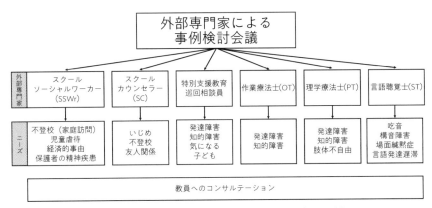

図 12-2　事例検討会議における外部専門家の役割

人関係における悩み、保護者相談等を担います。SC は 1995 年に文部科学省が「スクールカウンセラー活用調査研究」委託事業として開始しました。2018 年に公立小中学校への全配置が閣議決定され、2020 年には 196,127 人になりました。

　SSWr は福祉的なサービスを提供する専門家であり、主に不登校における家庭訪問、児童虐待、貧困や生活困窮などの経済的事由への対応、保護者の精神疾患による手続き等を担います。SSWr は 2008 年に文部科学省が「スクールソーシャルワーカー活用事業」として導入しました。2020 年に 2,859 人となり、対応学校数は全国で 18,286 校でした。吉川（2017）は愛知県の SSWr へのアンケートおよび SSWr を目指す初学者へのレポートを分析することにより、SSWr を含めたケース会議の有効性を確認しています。

　特別支援教育巡回相談員は、通常学級や通級指導教室等に在籍する発達障害や発達の気になる児童生徒の、授業観察や休み時間の行動観察、掲示物や成果物からの見立て等を担います。文部科学省が正式に特別支援教育巡回相談員という役職を置いておらず、行政単位により採用している状況です。

　理学療法士（Physical Therapist: PT）や作業療法士（Occupational Therapist: OT）は、発達障害や知的障害、肢体不自由や発達の気になる児童生徒への、姿勢補助具の作成や運動機能訓練、手先の巧緻性の向上を目指した訓練等を担います。両外部専門家は、特別支援学校における支援や実践が多く報告されて

いますが、通常学級における実践は少ないのが現状です。公益社団法人日本理学療法士協会学校保健委員会（2021）や日本作業療法士協会保健福祉部（発達領域チーム）（2011）によると、多くの自治体ではPTとOTを特別支援学校に非常勤嘱託職員として配置しています。また、要請に応じて各学校・園に派遣し、肢体不自由や発達障害のある幼児児童生徒の担任等の取り組みに対して指導・助言を行っています。具体的には、肢体不自由のある幼児児童生徒への学習指導、座位保持や歩行の指導および自助具等の使用など、担任の幼児児童生徒への指導に関することが挙げられます。ニーズによっては子どもへの直接支援も行い、教員がその支援を観察し、モデリングを示す役割を担っています。その後のケース会議において振り返りを行い、どのように教員のみの力でPTやOTが行っていた支援を展開できるかを検討します。

　言語聴覚士（Speech-Language-Hearing Therapist: ST）は、限局性学習障害（Specific Learning Disorders: SLD）、吃音、構音障害や場面緘黙症の児童生徒への支援等を担います。一般社団法人言語聴覚士協会は、2012年に都道府県言語聴覚士会へ、学校教育連携担当者の設置を依頼しています。2013年には担当者会議が実施されています。高橋・杉原（2006）は、教員のPT・OT・STに対する認知度を調査しました。その結果によると、看護師（93.6％）、保健師（82.4％）に対する認知度に比べて、リハビリテーション専門職であるPT（25.6％）、OT・ST（21.1％）に対する認知度が低い傾向が見られました。戸髙他（2013）は、教員と言語聴覚士の連携の重要性について説いています。

　その他にも対象児童生徒のニーズによっては、ビジョントレーニング等の視機能を専門とする視機能訓練士、児童期うつや統合失調症などの精神疾患等を治療する児童精神科医、知的障害生徒の就職等を支援するジョブコーチなどさまざまな外部専門家が事例検討会議に参加する可能性があります。

　これらの外部専門家は各々の専門性に基づくアプローチを教師にコンサルテーションを行っています。中田（2011）は、連携とは、役割分担としています。学校では、教育の専門家である教師が可能な限り教育に取り組みます。医療や福祉の専門的な知見が必要な場合には、目的を明確にして専門機関を活用することが大切です。「船は船頭に任せよ」という諺があるように、各専門家の特性を理解することが重要です。そのためには、外部専門家を事例検討会議

に参集し、連携という役割分担を行うことで、支援を必要としている幼児児童生徒の適応や行動問題の改善につながるのです。

3　事例検討会議による副次的効果

　事例検討会議は対象の子どもの問題解決のみでなく、さまざまな副次的な効果があることが明らかになってきています（図12-3）。以下にはその一例を詳説します。

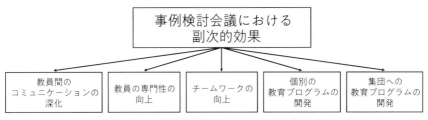

図 12-3　事例検討会議における副次的効果

　1つ目は「チームビルディング効果」です。事例検討会議は、チーム内で共通の課題について話し合う場となります。参加者はお互いの考え方や解決策を聞くことで、相互理解を深めることができます。これによって、チーム内の信頼関係や協調性が高まり、チームビルディングにつながることがあります。近年、「専門職連携・多職種連携（Interprofessional Work: IPW）」が注目を集めています。

　2つ目は「問題解決力の向上」です。事例検討会議は、参加者が実際に直面している課題や問題について話し合う場となります。そのため、参加者は問題解決に向けたアプローチや戦略を学び、自身の問題解決力を向上させることができます。

　3つ目は「知識共有の促進」です。事例検討会議には、参加者がそれぞれもっている知識や経験を共有する機会があります。参加者が自身の知識や経験を積極的に共有することで、全員の知識レベルが向上することがあります。吉武・小西（1998）は「テレビ電話によってケース会議に介入することで、職場・同僚全体に有用な知識を共有してもらうことができる」と述べています。このテレビ電話によるケース会議については次節においても取り上げます。1人で新

しいやり方を取ることは摩擦を生みやすいです。そのため、全体に有用な知識を共有してもらうことは重要なことです。地域を超えてケース会議を行い、先進地域事例の知識を地域間で共有することも可能です。

　4つ目は「意思決定の質の向上」です。事例検討会議は、問題解決に向けた意思決定をする場でもあります。参加者が異なる視点から問題を考え、討論することで、より妥当な意思決定ができるようになることがあります。学校が全ての児童生徒にとって安全で効果的な学習環境であるために、必要な学校文化と個別の行動支援を確立するシステムアプローチとして、アメリカで開発された学校規模ポジティブ行動支援（school-wide positive behavior support: SWPBS）があります。この支援の文脈では Team Initiated Problem Solving (TIPS) モデルが開発されています（Todd et al. 2011）。TIPS モデルでは、データに基づく会議をチームとして効果的に行っていくための枠組みが明確に示されており、「データに基づく意思決定スキル」が獲得できるようになっています。

　5つ目は「個別および集団に対応した教育プログラムの開発」です。共通の問題意識をもつ教員の意見交換が促進されることにより、教員間のコミュニケーションが深まり、学校全体の共通理解を生むことができます。

4　今後の事例検討会議の在り方

　特別支援教育において、事例検討会議の重要性はますます高まると考えられます（図12-4）。以下にその理由を述べます。

図12-4　事例検討会議の今後の展望

　1つ目は「個別対応の必要性」です。特別支援教育においては、児童生徒の個別のニーズに合わせた教育が求められます。そのため、事例検討会議によって、改めて個別に合わせた対応策を検討することが必要です。

　２つ目は「多様性の認識」です。ダイバーシティという言葉が広がっている昨今、特別支援教育においては多様な障害の種類や程度、教育上のニーズが存在します。また、障害のみならず LGBTQ や貧困家庭、外国籍の家庭などさまざまなニーズを抱えた幼児児童生徒および保護者が存在します。このようなニーズに対して事例検討会議を行い、多様性を認識し、それぞれの事例に応じた対応策を考えることができます。

　３つ目は「地域連携の促進」です。特別支援教育においては、地域との連携が重要です。事例検討会議においては、地域の関係者や専門家と協力して、より効果的な支援策を検討することができます。

　４つ目は「法改正の影響」です。2024 年度に障害者総合支援法が改正されることが検討されています。この改正により、児童発達支援事業所や放課後等デイサービスは大きな変革を迫られることになります。このような学校（特別支援教育）や障害児者関連法の改正により、事例検討会議に参集するメンバーや事例検討会議で検討する支援の仕組みなどを参加者全員がアップデートしていく必要があります。

　５つ目は「知識の共有」です。事例検討会議に参加することで、教員や専門家の間で知識や情報の共有が促進されます。将来的には、より多くの人々が参加し、より多くの知識や情報が共有されることで、特別支援教育全体の質が向上することが期待されます。

　６つ目は「ICT 技術の活用」です。近年、ICT 技術が特別支援教育においても活用されるようになってきています。事例検討会議においても、ICT 技術を活用することで、より的確な分析や評価が可能になり、より効果的な支援策を検討することができます。将来的には、ICT 技術のさらなる進展によって、事例検討会議の活用価値が高まることが期待されます（大橋他，2021）。

引用文献

公益社団法人日本理学療法士協会学校保健委員会（2021）学校保健・特別支援教育における理学療法士による介入支援システム全国事例集.

文部科学省（2022）生徒指導提要.

中田誠（2011）特別支援教育における教師の専門性とは何か.　言語聴覚研究, 8(2), 88-93.

日本作業療法士協会保健福祉部（発達領域チーム）（2011）特別支援教育への作業療法士参画モデル案に関する報告―文部科学省が示す発達障害等支援・特別支援教育推進事業に沿って.

大橋智・榎本拓哉・遠藤愛・小川洸菜・原口政明・矢野善教（2021）遠隔通信技術を用いた特別支援教育巡回相談プロジェクト　埼玉県総合教育センター官民連携事業「まなプロ」.

高橋幸加・杉原素子（2006）通常学級の教員と保健医療専門職との連携システムの構築関係―地域独自の取り組みについて―.　日本保健科学学会誌, 9(3), 185-193.

田中善大（2021）特別支援学校における不登校生徒に対するチーム主導型問題解決に基づく事例検討システムの効果.　特殊教育学研究, 59(3), 203-216.

戸髙翼・天辰雅子・山田弘幸（2013）特別支援教育における教員と言語聴覚士との連携―発達性読み書き障害の1例を通して―.　九州保健福祉大学研究紀要, 14, 135-141.

Todd, A. W., Horner, R. H., Newton, J. S., Algozzine, R. F., Algozzine, K. M., & Frank, J. L. (2011) Effects of team-initiated problem solving on decision making by schoolwide behavior support teams. *Journal of Applied School Psychology, 27*, 42–59.

吉川雅博（2017）スクールソーシャルワーカーを活用した地域相談支援体制の構築に関する実証的研究.　科学研究費助成事業研究成果報告書.

吉武清實・小西行郎（1998）地域精神保健・教育・福祉への広域・遠隔コンサルテーション介入に関する研究.　厚生科学研究子ども家庭総合研究事業　要観察等いわゆるハイリスク児の育児支援及び療育体制の確立に関する研究　平成10年度（1998年）研究報告書.

第13章

学校改善を支える
巡回相談の在り方

野口和也

　今、巡回相談の活用の有用化や校内支援体制の機能化は学校差が生じています。巡回相談員にはニーズを捉え、学校、教師が有する力を最大限発揮した問題解決を支えることが期待されています。教師が主体性を担保し異なる専門性の融合から成る道のり、そして成果があるからこそ、教師の変容、専門性の増強に帰結します。そこに到達できる関与の在り方について、巡回相談を担う人材は追求し続ける必要があるのです。

1　巡回相談の今

　巡回相談は、特別支援教育の開始から導入された、外部の専門家による学校支援です。15年という時間の中で、通常の学級を取り巻く環境の変化、子ども一人一人の教育的ニーズの多様化・複雑化を教師は肌で強く感じているでしょう。令和2年度（2020年）時点、通常の学級に在籍しながら通級による指導を受けている児童生徒は約164,700人、8年間で2.3倍となり、義務教育段階の全児童生徒数の1.7%にあたります（文部科学省，2023）。さらに2022（令和4）年に文部科学省が行った調査によれば、知的な遅れがないものの学習面又は行動面で著しい困難を示す通常学級に在籍する児童生徒が8.8%に増加しています。巡回相談の目的は、児童生徒一人一人のニーズを把握し、児童生徒が必要とする支援の内容と方法を明らかにすることです。そして、担任、特別支援教育コーディネーター、保護者など児童生徒の支援を実施する者の相談を受け、助言することです。また、支援の実施と評価についても学校に協力することも挙げられます。

　2014年の文部科学省の調査の時点で、全国の公立小学校の85.2%、中学校の73.5%において、巡回相談の活用が認められています（文部科学省，2015）。「発達障害等支援法・特別支援教育総合推進事業」の委嘱を受け、巡回相談は各自治体の教育委員会により独自に発展してきました。現在、特別支援学校のセンター的機能による巡回相談も含め、主に学校から要請を受けて訪問する形態と、教育委員会の方針により定期的に訪問する形態があります。たとえば、東京都教育委員会が委託する巡回相談員（巡回相談心理士）は、1校、年間40時間の定期的な訪問を行うことになっています。

　しかし、巡回相談の活用の現状について、山内・名越（2020）は、目の前にある課題の解決や校内の支援体制の構築に活用できている学校もあれば、割り当てられている巡回相談をこなすだけで、手一杯な学校、活用が形骸化している学校もあり、実態はさまざまであると述べています。

2　校内支援体制へのアプローチの必要性

　巡回相談員は、子どもへの支援を実践する教師一人一人と向き合うことにな

ります。同時に、教師の支援の実践に影響を与える、環境にも着目する必要があります。つまり、それは学校現場が構築に取り組んできた校内支援体制の状態です。校内支援体制は、学び育つ子どもたちのために、関係者の力を結集し、適切な支援を行うためのシステムです。見方を変えれば、この校内支援体制は、教師個人の使命感と自己の努力による支援を脱却し、効果的な教育実践を持続的かつ長期的に継続できるか否かにかかわる大きな基盤でもあります。

　さて、「校内委員会の設置」「実態把握の実施」「特別支援教育コーディネーターの指名」は、ほとんどの公立幼保連携型認定こども園・幼稚園・小学校・中学校・高等学校において体制整備が完了しています（文部科学省，2019）。しかしながら、実践研究から校内委員会の未開催や、具体的な支援や援助の計画の検討が行われていないなど、形式的な整備に留まり有効に機能していない状況も指摘されています（たとえば、中村他，2013）。また、校内支援体制の機能化に大きな役割を担う特別支援教育コーディネーターも、その遂行に苦慮している現実があります（たとえば、田中・上村，2017）。

　このような現状に対して、松本（2020）は、学校が立ち止まることなく校内支援体制を改善し続けることができるという視点から、「校内支援体制 PDCA 促進シート」（表 13-1）を開発しました。この結果を校内委員会で共有・活用することで、4 校の校内支援体制の充実に結びついたことを報告しています。

　表 13-1 は、「校内支援体制 PDCA シート」を巡回相談員として、校内支援体制の状態を見極める際に特に必要な項目から整理したものです。このシートの特徴は、特別支援教育コーディネーターの役割に関して、学校に馴染みのある PDCA サイクルを用いて必要な項目を設定しています。そして、その取り組み状況を「未実施」「個人レベル」「組織レベル」という実施者の観点から評価（点数化）を行います。それにより、校内支援体制の段階の把握と組織化の度合いから課題を明確化できる点にあります。今一度、管理職者、特別支援教育コーディネーターが、今後取り組むべきアクションを検討する際にも参考になると考えられます。

　また、山内・名越（2020）は、コンサルテーションによる問題解決を図る際、把握すべき校内支援体制の状態について以下の 4 点を挙げています。1）校内の情報共有、2）援助資源の活用、3）指導計画の作成・活用、4）特別支

表 13-1　校内支援体制 PDCA 促進シートの評価の観点と領域項目

組織化の評価の観点	未実施	個人レベルで実施		組織レベルで実施	
	取り組んでいない	担当者のみ	担当者 + α	校務分掌単位	学校全体
校内委員会 の推進	Ⓡ 校内委員会の運営について、現状と課題を確認している				
	Ⓟ 校内委員会の開催が事前に計画されていることを把握している				
	Ⓓ 校内委員会の開催時に、話し合いに必要な情報が提供されている				
	Ⓒ 校内委員会での話し合いの経過や成果を確認している				
	Ⓐ 校内委員会の運営について、改善策を検討している				
個別の 教育支援計画	Ⓡ 個別の教育支援計画の策定が必要な児童生徒を確認している				
	Ⓟ 支援会議を開催し、保護者と共に個別の教育支援計画を策定している				
	Ⓓ 個別の指導計画の作成などに、個別の教育支援計画を活用している				
	Ⓒ 支援会議を開催し、保護者と共に、家庭や関連機関での支援の経過や成果を確認している				
	Ⓐ 支援会議を開催し、保護者と共に、個別の教育支援計画の内容を修正している				
個別の 指導計画	Ⓡ 個別の指導計画の作成が必要な児童生徒を確認している				
	Ⓟ 個別の指導計画の作成が必要な児童生徒の個別の指導計画を作成している				
	Ⓓ 作成した個別の指導計画に基づき、関係者が共通の手立てで指導や支援を行っている				
	Ⓒ 作成した個別の指導計画に基づいて行った支援の経過や成果を確認している				
	Ⓐ 個別の指導計画の内容を修正している				
外部専門家・ 専門機関との連携	Ⓡ 連携可能な外部専門家や専門機関を把握している				
	Ⓟ 外部専門家や専門機関との連携（巡回相談や会議開催、書面でのやりとり等）を計画している				
	Ⓓ 外部専門家や専門機関からの助言を参考に、支援方法や校内支援体制の改善に取り組んでいる				
	Ⓒ 外部専門家や専門機関との連携について、経過や成果を確認している				
	Ⓐ 外部専門家や専門機関との連携について、改善策を検討している				

Ⓡ：実態把握　Ⓟ：計画　Ⓓ：実施　Ⓒ：評価　Ⓐ：計画の修正を示す

この表は、松本（2020）の PDCA 促進シートを元に、6 領域から巡回相談員が役割の遂行に関わる領域に整理して、評価の観点とともに筆者が作成した。

教育コーディネーターの機能です。実践研究において、これらの全ての観点を満たした学校は 7 校中 1 校もなかったことを報告しています。

　したがって、巡回相談員には、特定の子どもの示す問題解決の過程を通して、教師一人一人がもつ潜在的な力を最大限発揮できるよう働きかけることが求められます。校内支援体制の状態に目を向け、その機能化に向け、管理職、特別支援教育コーディネーターへのより積極的な提案・助言を行うことも重要な役割と考えられます。

3　学校改善を支えるコンサルテーション

　巡回相談では、子どもの「観察」と教師との「相談協議」の場が含まれています。巡回相談員は、個別的な配慮を必要とする子どもたちに手立てを講じ直

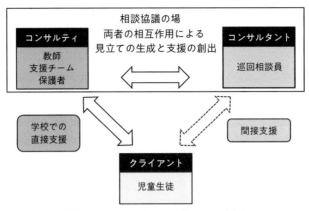

図 13-1　コンサルテーションの図式

接支援を提供する教師と、相談協議を行います。そして、この両者による相談協議を通じて、これまでの支援効果の分析から問題状況を整理するなどして、より良い支援を創出していきます。つまり、巡回相談員は、子どもへの間接支援を提供するということです。このような問題解決の方法を、コンサルテーションと言います（図 13-1）。コンサルテーションでは、巡回相談員（コンサルタント）と主に教師（コンサルティ）が互いの異なる専門性を発揮した相互作用を通じて、子どものより良い学びや育ちという目標（Goal）に共に向かいます。

　コンサルテーションにおいては、コンサルタントとコンサルティの対等な関係性が求められます。そして、コンサルテーションが成功裏に進むかどうかは、巡回相談後のクライエントへのコンサルティ（学校、教師）の実践に大きく左右されることになります（Gresham, 1989）。すなわち、コンサルタントが創り出す問題解決に向かう過程で、両者の相互作用の場である相談協議の在り方が重要（大石，2015）です。

　コンサルタントとコンサルティは、児童生徒の存在でつながった "見知らぬ個人（専門家）と個人（専門家）" です。学校には、外部の専門家から「指導を受ける」という文脈も色濃く根づいています。教師は、何を言われるのかという漠然とした不安や心配を抱くことが自然だと考えられます。さらに、その相談協議の場は、巡回相談員と担任教師の 1 対 1 ではなく、特別支援教育コーディネーター、学年団の教師、教育相談主任、生徒指導主任、管理職者も同席する

空間かもしれません。このような参加者の構成は、学校全体での情報の共有、共通理解の促進やチームによる重層的な支援の構築が期待でき、学校の改善には望ましいといえます。ところが、巡回相談員が想像する以上に、教師個人にとって心理的な負担感を強いる受け入れ難い状況となっている可能性があります。だからこそ、巡回相談員には、立場の違いや経験、年齢を超えた敬意を払う徹底した姿勢が欠かせないものになります。そして、宗形・安藤（2019）は、巡回相談員の力として、一方的な話にならないようにすること、笑顔での対応、違う考えの相手の意見を聞く姿勢、安心感を得られたという感じることができる「肯定的配慮」、知的水準・社会性・情緒発達など、子どもに合う対応方法や豊富な「専門知識」が、巡回相談の土台になると述べています。

　教師を支える巡回相談員には、高度な専門的能力はもちろんですが、自身のコミュニケーション行動を俯瞰的に見続け、学校、教師にどのような影響を与えているかを意識することが求められるといえます。

4　学校、教師の変容を支える巡回相談員の在り方

　巡回相談では、まず、学校、教師のニーズを捉えること（見立て）が、非常に重要です。どのようなニーズであったとしても見立てが鍵になります。

　見立てとは、子どもに生じている問題に対して、どのような支援が必要であるかの指針の元となる理解の全体像です。巡回相談では、主に学校から提供された相談票や座席表に書かれた情報と、当日の観察から得られる情報があります。そこから瞬時に子ども自身の認知特性や情緒行動の適応状態、社会的関係などを見取り、見立てを生成できる専門性が、教師から要望されているかもしれません。そして、教師が目を開くような内容を伝達・報告されることを期待されているかもしれません。巡回相談を担う専門家であれば、それらが可能だとも考えられます。では、巡回相談員が自己完結してしまうことが、最良なのでしょうか。ここで、ある小学校5年生の男子児童の見立てを考えてみます。

　①意欲なく授業中何もしない小学5年生のA男

　②ADHDの診断を受けている、意欲なく授業中何もしない小学5年生のA男

　③3年生頃から学業不振に陥り、ADHDの診断を受けている、意欲なく授業中何もしない小学5年生のA男

④学業不振で、両親はそれを受け入れず強制的に進学塾通いをさせている、
　ADHDの診断を受けている、意欲なく授業中何もしない小学５年生のA男
⑤今年５月のあるトラブルをきっかけに級友から避けられて孤立している、
　学業不振で、両親はそれを受け入れず強制的に進学塾に通わせ、ADHD
　の診断を受けている、意欲なく授業中何もしない小学５年生のA男

　上記の①から⑤に向かって、言葉が１つずつ増えるにしたがって、A男への理解が深まってくるように感じられませんか。これは、子ども（個人）、学校、そして、家庭・社会という視点からの情報を加えて捉えた理解です。

　ところで、教師は、多くの子どもとの出会いと、教育活動という時間から積み重ねた経験の知を活かした見方・捉え方をもっています。教師個人、学校組織として関与しながら、保護者の状況や家庭での生活、地域での生活の状況も踏まえて、これらの教師という立場、役割、専門性から導いた児童生徒理解を深めています。この児童生徒への理解は非常に意義深いものであるはずです。

　ところが、相談協議の場において、巡回相談員の主導性が高まり過ぎた関与によっては、教師の児童生徒理解は言葉にされることなく、胸の内にしまい込まれてしまうことすらあります。それは、主体としての教師の役割意識が薄れるばかりか、"その答え"だけを求め、"授けられるのを待つ"というスタンスを取りやすい状態に結びついてしまいます（小林・庄司, 2007）。したがって、巡回相談員には、「答える専門性」だけでなく、「問いかける専門性」が要請されている（森他, 2012）ことを意味します。巡回相談員の明確な意図や観点のある問いかけにより、教育現場の中で教師が多角的・多側面から得た内容を自らの言葉で語ることを引き出します。そして、両者が響き合うような相談協議の場が望まれます。そこにこそ、異なる専門性を有する者同士の協働的な問題解決のプロセスが生まれます。単語ではなく複数の言葉を吟味し連ねてたどり着いた「見立て」は、教師が自然と子どもの心情理解を深め、支援の方向性や在り方が、いくつも思い浮かぶことにつながります（磯邉, 2017）。

　これらの点を念頭に置きながら、巡回相談員には相談協議の場を醸成していくことが必要でしょう。

　ところで、今目の前にある子どもたちの教室内の課題遂行、パフォーマンスは、教師の指導と連動しているものです。したがって、観察において巡回相談員は、

教師の創り出している学級の雰囲気、教室の環境、教師の一つ一つの指導実践を観察していきます。巡回相談員による、きめ細やかな観察事実の伝達は、教師による問題解決に向けた歩みの大きな推進力になるからです。さて、巡回相談を要請する以前から、教師は、学級集団の抱えるさまざまな制約の中で、合理的に実行の可能性を判断し、あらゆる工夫や配慮を試し続けてきたはずです。

　では、先のＡ男の様子を観察した巡回相談員が相談協議の場で、以下のようなことを担任教師に投げかけたとします。

　「机間巡視の時、先生が、机の中からそっと教科書を取り出してページを開いて、Ａ君に柔らかい表情で優しく穏やかな声で語りかけていましたよね。その後、こわばっていたＡ君の表情がすっと緩んでいました。Ａ君は先生の説明に耳を傾け、赤鉛筆で教科書にラインを引くことに結びついていました。あの時、なんて声を掛けられたんですか。」

　たとえば、担任の先生からは、「Ａ君は時折、私と目が合って、授業の内容に気持ちが向いていると感じることがあります。だから、『○○しなさい』という指示は、Ａ君の気持ちが授業から離れてしまうのではないかと心配しています。周りの子の目も気にしていると感じているので、小さな声で『Ａ君がよく知っている○○のこと、これから話すよ』と言いました。まずは、『授業、学ぶことが楽しい』と思ってほしいので……」などの言葉が返ってくるかもしれません。

　このように巡回相談では、子どもの学びや育ちを支える教師の光る指導実践の技術に出会います。教師個人からすれば、そのかかわりや配慮は、ごく自然な普段通りのものなのかもしれません。そのため、教師が明確な目的や意図、その行為の根拠を十分に自覚していないこともあります。その場合、子どもにとって大きな意味のあるものであったとしても支援として計画に位置づけられず、状況が変われば、いつの間にかなくなってしまいます。したがって、先の教師の言葉に続いて、巡回相談員には、「その取り組みが、なぜ有効に働くのか」「どのような効果があり、子どもの姿の変化が今後、期待できるか」ということを踏まえた説明により、教師の指導実践の意味づけ・理論化（大石、2000）を行うことが必須です。

　このような巡回相談員の関与は、教師自身の実践の中にある意義の再発見を

促します。支援が行き詰まり、教師が焦燥感を抱いていたり、不全感を感じていたりする場合、とくに教師への支持は、支援の実行・継続への動機づけとして作用する可能性があり、重要な関与となり得ます。

　教師の行動と児童生徒の行動の肯定的な結びつきに着目した巡回相談員の観察は、教師の強みや磨き上げてきた指導実践の技術という持ち味が存分に活かした支援計画を創出するための必要条件となるわけです。そして、コンサルテーションによる問題解決に向けては、教師の行動の変容を必然的に要請することになります。教師がただ単に巡回相談員の助言・提案を受け容れるだけでは、さらなるチャレンジを強いる意味合い（Ercuhl & Martens, 2002）となります。都築・長田（2016）は、負担の大きい支援の内容は教師の苦痛になると指摘しています。先のような巡回相談員の観察事実の伝達・報告から展開した教師の語りの中には、その人の教育観、授業・指導観、そして教師として大事にしている思いが見え隠れします。このような教師として過ごしてきた時間から構築された"その先生らしさ"に対して、コンサルタントは鋭い感受性をもっていなければなりません。最新の理論から裏打ちされた効果的な支援方法であったとしても、教師、学校現場の文化や価値観に適合しないものであれば、支援の実行・継続は望めず、その意味は失われます。

　つまり、巡回相談では、その教師個人であるからこそ提供できる、その子どもにとっての"最適な支援"を、両者によって共に創り上げるという意識が欠かせません。そして、教師が主体性を発揮し自らの行動の変容により問題解決を図った経験は、個人の専門性の発達に結びつきます。巡回相談によってもたらされた、異なる専門性を融合した子ども理解の視点や支援・指導実践の技術が、学校に蓄積し教員集団に共有化されていきます。このことにより、巡回相談が学校改善に向かう学校、教師集団が学び続け、自ら変わり続けることを後押しできるツールになると期待されます。

　今後もわが国におけるコンサルテーションにおける、個人や組織を対象としたコンサルタントの技術に関する研究の蓄積が望まれます。

引用文献

Erchul, W. P., & Martens, B. K. (2002) *School consultation: Conceptual and empirical bases of practice* (2nd ed.). New York: Springer.（大石幸二監訳（2008）学校コンサルテーション―統合モデルによる特別支援教育の推進―. 東京：学苑社.）

Gresham, F. M. (1989) Assessment of treatment integrity in school consultation and prereferral intervention. *School Psychology Review, 18*, 37-50.

磯邉聡（2017）学校臨床における「みたて」. 千葉大学教育学部研究紀要, **65**, 21-30.

小林朋子・庄司一子（2007）コンサルテーションにおいてコンサルタントに求められる姿勢とスキル―コンサルティとコンサルタントそれぞれの立場からの比較検討―. 障害理解研究, **9**, 37-48.

松本くみ子（2020）小・中学校における「校内支援体制 PDCA 促進シート」の活用. 早稲田大学大学院教育学研究科紀要：別冊, **28**(1), 1-12.

文部科学省（2015）平成 26 年度特別支援教育体制整備状況調査結果. https://www.mext.go.jp/component/a_menu/education/micro_detail/_icsFiles/afieldfile/2015/03/27/1356212_2.pdf（2023 年 6 月最終閲覧）

文部科学省（2019）平成 30 年度特別支援教育体制整備状況調査結果について. https://www.mext.go.jp/content/20191220-mxt_tokubetu01-000003414-01.pdf（2023 年 6 月最終閲覧）

文部科学省（2022）通常の学級に在籍する特別な教育的支援を必要とする児童生徒に関する調査結果（令和 4 年）について. https://www.mext.go.jp/content/20221208-mext-tokubetu01-000026255_01.pdf（2023 年 6 月最終閲覧）

文部科学省（2023）「特別支援教育の充実について」https://www.mhlw.go.jp/content/001076370.pdf（2023 年 6 月最終閲覧）

森正樹・藤野博・大伴潔（2012）教育現場における特別支援教育巡回相談の効果的活用に関する検討―教師の意識と行動にかかわる質問紙を通じた調査. 臨床発達心理実践研究, **7**, 175-183.

宗形奈津子・安藤智子（2019）特別支援教育の巡回相談員の役割と能力が小・中学校の管理職・コーディネーターの満足感に与える影響. 学校心理学研究, **19**(1), 13-26.

中村恵子・小玉正博・田上不二夫（2013）教育委員会に所属する学校 カウンセラーの介入が不登校生徒への校内支援体制に及ぼす影響. カウンセリング研究, **46**(1), 43-52.

大石幸二（2000）知的障害教育における「現場研修」への応用行動分析学のアプローチ. 特殊教育学研究, **38**(1), 53-63.

大石幸二（2015）行動コンサルテーション―実践と研究の現在位置―. コミュニティ心理学研究, **18**(2), 175-185.

都築繁幸・長田洋一（2016）ASD の対人関係の向上を目指した小学校の実践研究の動向に関する一考察. 障害者教育・福祉学研究, **12**, 131-143.

山内明美・名越斉子（2020）学校コンサルテーションから考えるセンター的機能のあり方(2)―コンサルティのタイプに応じたコンサルテーションスキル活用の試み―. 埼玉大学紀要教育学部, **69**(2), 107-119.

第14章

新たな時代に求められる学校長像

花生典幸

　新型コロナウイルス感染症の世界的なパンデミックは、学校が人と人を結びつけ、相互のつながりを生む社会的装置であることを露わにしました。その災禍の中での工夫と努力は、さまざまな学校教育実践上の課題がどのように生じ、増幅されるかを示しました。一方で、家庭や地域の人間育成機能の弱体化も明らかにする結果となりました。新たな時代には学校の再構築・再設計を図らなければなりません。本章では、その展望を行います。

1　〈分断〉と〈停滞〉を乗り越える

　コロナ禍がもたらした不安と脅威は、社会はもちろん、私たちの学校現場にも大きな楔を打ち込みました。緊急事態宣言に端を発した全国小中学校の一斉休校など、それは学校の長い歴史において、かつて誰も経験したことのないような未曾有の危機（クライシス）でした。当たり前のように続いていた子どもたちの日常に急激なブレーキがかかり、学校行事やさまざまな教育活動が、軒並み縮小や中止に追い込まれました。錯綜する情報に人々の行動が翻弄され、学校も例外ではありませんでした。どのような対応をとることが正解なのかわからず、判断に迷う、もどかしい日々が続きました。気がつくと、人々のコミュニケーションが遮断されたことにより、学校と保護者・地域の間には大きな溝（＝分断）が生まれていました（第11章参照）。そして、その修復は、まだ道半ばです。

　教職員の意識にも、いつの間にか思いがけない変化が起きていました。物事を主体的に判断・決断することに及び腰になり、行動やものの考え方が、しだいに“依存”型のスタイルに変わっていたのです。もちろんそれは、教職員に限らず、校長・教頭といった管理職も同様でした。学校にとって、それはまさしく〈停滞〉と呼ぶにふさわしい事態でした。しかし、〈停滞〉はマイナス面だけでなく、プラス面も見せてくれました。今まで視界に入らなかった学校の種々の問題が浮き彫りになり、明らかになったからです。具体的には、以下のような問いの発現です。

　①これまで毎年ふつうに行ってきた学校行事のやり方を、今後もそのまま継続してよいものだろうか？

　②制限された結果、実施しなかったこれらの教育活動は、はたしてこれからも必要なものなのだろうか？

　③コロナの心配がまだしばらく続くとしたら、学校は何を優先して教育活動を進めていけばよいのだろうか？

　管理職のみならず、多くの教職員の脳裏に去来したであろう、このような問題意識は、今こそしっかり向き合うべき課題だと認識され始めました。〈停滞〉を逆手にとり、ピンチをチャンスに変えるということです。これまで当たり前

のようにやってきたこと、続けてきたことの本質をもう一度見極め、整理し、再構築（アップデート）を図る。このような発想の転換が必要だと感じられました。

　学校現場には、これまでがこうだったから、この通りにやってきても何も不便や不都合がなかったから、といった"前例踏襲的な文化"が根強く残っています。〈これまで通り〉は、道を大きく間違えることがありません。そして、煩悶を生まず、何よりも楽です。しかし、コロナ禍をくぐり抜けてくる中で、多くの学校長には新しい危機感・危機意識が確かに芽生えました。保護者・地域との〈分断〉の修復には、相手があることなので、まだしばらくは時間がかかるでしょう。けれども、学校の〈停滞〉は、当の学校に帰結する問題であり、強い当事者意識をもって解決に取り組むべきは、学校自身に他なりません。

2　〈システム＝共通の土台〉をつくる／学校全体の仕組みや取り組みにしていく

　物事に対処する際の校長の姿勢は、大きく2つに分けられるといわれます。1つは「現状維持型」であり、もう1つは「現状改革型」です。別な言い方をすれば、変化することに前向きか否か、積極的か否かということです。後者は、換言すれば、今の自分に物事を変えられる権限や機会があるとしたなら、躊躇すべきではないという考え方です。その行使が、学校のため、子どものために有効なのであれば、迷わず現状を改革すべきです。学校長の「事なかれ主義」の姿勢が、学校組織のレベルを沈滞させ、教職員の力の発揮を減衰させ、その結果、子どもの教育や成長に悪影響を及ぼすといった悲しい現実が、今も確かに存在しています。

　以上を踏まえ、筆者は教頭と教務主任の力を借りながら、学校の課題を洗い出し、効果的な方策や改善案を検討することに着手しました。何よりスピード感を大事にしようと考えました。よく言われる「校長のリーダーシップ」や「決断力」は、このような場面にこそ発揮されるべきでしょう。下記のような"学校の前例"の変更・改善を、私たち（校長・教頭・教務）はタイミングを見計らいながら提案していきました。この中には、新しい年度になってから変えたものと、年度途中でも変更・中止をしたものの両方が含まれています。

①「二学期制」への移行・実施

→　教育課程を前期・後期の二期制にし、通信票の発行も年2回にする。先生方（働き方改革の推進）と子どもたちにも"ゆとり"を生み出す。

②「日課表」の大幅な見直し

→　3年生以上の朝自習を「モジュール／国語」で運用する。これにより、水曜日だけ変則を余儀なくされていた特別校時を解消。月曜から金曜まで同一の時間設定になり、低学年の子どもでも、時計を見ながら、先を見て動ける（自律的態度の育成）ようになった。

→　水曜日の中休みに「全校集会」を移動する。全校朝会の形では、遅れ気味に登校したり、連絡がなかったりする子どもへの対応・確認に担任が時間を割かれ、落ち着いてスタートが切れていなかった。

→　水曜日の清掃を取りやめ、「ロング昼休み」を設定する。子どもたちにも学校生活でのひとときの楽しみを提供する。

③ 生活科や総合的な学習の幅を拡げるために地域の人材活用を拡大

→　地域の教育リソースを見直し、新たな手厚い関係づくりを行った。

④「業間の運動タイム（全校マラソン・なわとび運動）」の改善

→　これまでは移動時間にゆとりがなく、準備運動も不十分だった。

→　安全面への配慮と子どもの体力育成の観点で実施方法を見直した。

⑤「学年経営案」「学級経営案」の様式の見直しと記載の簡略化

⑥「週案簿」の簡素化 → 時数の把握という点に特化して記入・チェック

⑦「学校文集」の廃止

→　手段が目的化していた現状の改善を図る。多忙化を解消する。

⑧ 職員会議の効率化

→　協議事項と確認事項を選別し、時間の短縮を図る。

⑨ 年2回の「教育相談週間」を廃止

→　月1回のアンケート実施に変更する。

　具体的に行った上記の事柄は、いわゆる「スクラップ・アンド・ビルド」の〈スクラップ＝廃止・休止・改善〉に該当します。一方で、〈スクラップ〉と併せ、〈ビルド＝新設〉にも積極的に取り掛かりました。この〈ビルド＝新設〉は、換言するなら、〈システムの構築＝共通の土台をつくる〉と言い換えられます。

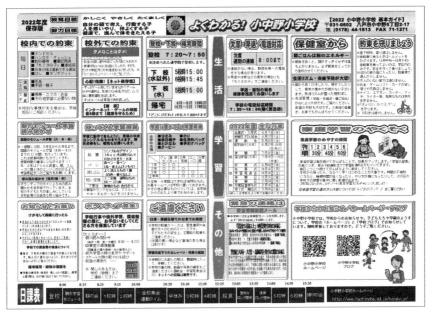

図 14-1　学校基本ガイド

〈システムをつくる〉ことは、先生方の意識や取り組む足並みを"揃える"ことにつながります。足並みが揃うということは、先生方の子どもたちへの指導に温度差を生じさせない効果を生み出します。学年が進んだり、先生が代わったりしても、子どもたちは地続きの土台（システム）の上で、見通しをもって、また安心（安定）してさまざまな活動に取り組めるようになります。

　最初に行った〈ビルド〉は、『学校基本ガイド』（図 14-1）を作成することでした。このガイド（手引き）には、学校生活全般にわたって、保護者と子どもたち両者に共通に理解してもらいたい、さまざまな約束や学校からのお願い等が集約されています。A3 判 1 枚にまとめられ、作成は業者に依頼し、少し厚手の紙にカラー印刷で仕上げてもらいます。各家庭に 1 部ずつ配付し、家の中の見える場所に貼ってもらい、適宜必要に応じて確認・活用してもらうのです。コロナ禍が続き、保護者に直接会って話ができる参観日などの機会が激減しました。学校が、どのようなスタンスで、どこに力点を置いて子どもたちに向き合い指導しようとしているのか明確にしたいと意図し、ポイントを絞って

簡潔に、そして１枚の紙の中にほぼ網羅しました。

　保護者からは、「学校に訊ねたいことがあるとき、電話をかける前にこれを見ると、たいていのことが解決される」「いつでも手元に置いて確認できるから便利」といった声が寄せられています。学校への問い合わせの数も、このガイドを配付した後で、大きく減りました。『学校基本ガイド』という拠り所になる共通の土台をつくり、保護者に示し、実際に動かしていくことで、結果、保護者の〈意識＝ベース〉を揃えることにもつながりました。

　もう１つ提案した〈システム＝共通の土台〉は、読書活動の推進にかかわる内容です。読書の推奨と読書指導の充実は、筆者の学校経営方針の重点施策の１つです。近年、子どもたちの本離れが進み、それに連動するように国語力の低下が懸念されるようになってきています。多くの ICT 機器が学校現場に普及したことにより、授業の「見える化」や「焦点化」を支える〈デジタル〉の恩恵に浴することができるようになった一方、子どもたちの想像力や思考力が十分に育っているだろうかという強い危惧を、筆者も持ち始めています。考える、思考するという行為は、基本〈アナログ〉の営みです。１＋１が必ずしも２にならない、時には３にも 10 にも変わる。この人間の〈思考〉にまつわる不思議な独創性・飛躍性が、多くのすぐれた発明や発見を生み出し、私たちの世界に進歩をもたらしてきました。読書は、〈アナログ的思考＝直線的ではない、立ち止まったり、行きつ戻りつを自在に繰り返す〉ことを保証します。子どもたちの「想像力」や「思考力」を地に足が付いた形で育て、「情緒」を涵養する不易の教育的装置ではないかと筆者は確信しています。デジタルが優位になりつつある現代社会にあって、上記の力の育成は、これからの子どもたちにとって必須なのではないかと考えます。

　読書活動推進の方策として、筆者は大きな２つの取り組み（システム）を導入しました。

① 毎月１回、全学級一斉の「朝の読み聞かせ」を実施

　　→　従来行われていた低学年中心だった「朝の読み聞かせ」を〈全 12 学級一斉〉の実施に拡大しました。人手が必要になった読み聞かせボランティアの方々は、学校の教育支援コーディネーターにお願いをし、手配していただきました。読み手が毎回変わることから、子どもたちは多彩な本

図14-2　朝の読み聞かせの実施

やさまざまな読み声に接することになります。今回はどんな本が待っているのか、子どもたちはいつも興味をふくらませています。

② 水曜日のロング昼休みの後に「読書タイム／10分」を設定

　→　水曜日の清掃をなくし、ロングの昼休みを設けました。その最後に「読書タイム（10分間）」を新設しました。午後の授業に入る前に、子どもたちに気持ちの切り替えを促すことができ、先生方にも好評です。

　先に「コロナ禍は、学校と保護者・地域の間に分断を生んだ」と指摘しましたが、その関係の修復（＝再構築）にも少しずつ手を加えていきました。「生活科」や「総合的な学習の時間」の活動の幅を拡げる取り組みです。地域にある物的・人的資源の現状を再確認し、地域人材のさらなる活用に向けて、従来の計画案を修正（アップデート）することを先生方にお願いしました。私たち教職員にとっては、当該の学校に勤務する時間には限りがあります。けれども、子どもたちはその地域に生まれ、多くの人との関わりの中で育まれ、成長していきます。その地域のよさや価値を、愛着や誇りをもって伝承していくことは、子どもたちの将来にとって大きな意味をもつはずです。地域と子どもたちの結びつき（絆）をコーディネートすることは、これからの学校が担うべき大切な役割であると考えられます。

　いくつかの〈ビルド＝新設〉を提案しながら、筆者が拠り所にしていた考えが2つあります。1つは〈時機を見極めながら、打って出る〉ことが大事だということです。それには、管理職自らが肚を括って一歩踏み出す、という勇気が必要です。もう1つは、〈正解は見つけるのでも、探すのでもない、つくる

生活科のサツマイモの苗植え　　　　　　業間の運動タイム（全校マラソン）

図14-3　生活科や総合的な学習の時間の拡張

ものだ〉ということです。「できない」に留まってやり過ごすのではなく、「どうすればできるのか」を考え、その道を発見する（道がなければ、自ら切り開く）ことに最大限の力を注ぐべきだということです。いずれも、後になってから、少しずつ自覚的に言語化できたものです。

　私たちが今回直面したコロナ禍のような危機的状況であれば、なおのこと上記のような覚悟と前向きな姿勢が、ますます管理職には求められるのかもしれません。

3　学校長に課せられた最大のミッション……「決断」すること

　学校長が担わなければならない、最大のミッション（使命）は何かと問われれば、それは迷うことなく〈決断する〉ことだと答えることができます。学校経営において、進むべき方向を見極め、最終的に決断を下すのは学校長である自分自身です。教職員の賛否は参考にはするものの、学校長自身が信念をもって、これで行くと覚悟を決めて「決断」をしなければ、学校は前へは進んでいけません。しかしこの「決断」が、悩ましいのも、また事実です。いったんは決めたものの、「間違っていたらどうしよう」と弱気の虫が頭をもたげてくるのを持て余しそうになるときもあります。特に、今般のコロナ禍のような危機の最中（さなか）に下した決断には、常に大きなプレッシャーがついて回りました。

　決断に至る寸前まで、いつもさまざまなアイデアを頭の中に浮かべ、逡巡（しゅんじゅん）しながら、どの選択がベストなのか、あるいはベターなのか、しばらく悩み続けることもあります。教頭や教務主任はもちろん、多くの先生方の意見に素直に

耳を傾け、時に応じて助言を求める必要があります。そして、悩み抜いた末に、「これが今できる最善の策だ」と思い定めたら、あとは迷わないように、ぶれないように覚悟を決めました。肚を括ってどっしり構えるのも、リーダーの大事な仕事だと自分に言い聞かせながら、取り組んでいます。

　決断した後でリーダーが悩んでいる姿を見せたら、部下はどうしても不安になります。決断は、下したらそれで終わりではありません。決めたところから、次の動きが始まります。選択した決断が、その先で良い結果に結びつくよう、まわりの協力と支持を得ながら、あとは前だけを向いて真摯に努力していくしかないのです。そうしたリーダーの「決断」と実行する「勇気」、一身に責任を負うという「覚悟」が示されることによって、人や組織はプラスの方向に動いていくものだと信じています。

　多少の失敗やエラーがあっても、管理職が必ずフォローし支援してくれると信じる教職員と、信頼して仕事を預けたり、期待を込めて大きなことを任せたりしながら、目配りや心配りを怠らず、折を見ては虚心坦懐に感謝を伝える管理職……そんな両者の心的関係性（双方向の信頼関係）が日常的に醸成されているなら、その職場はいつも風通しがよい、働きがいのある場所になっているはずです。

　〈組織はリーダーの力量以上に大きくはならない〉という言葉があります。かつてプロ野球のヤクルトや楽天などの球団で、名監督として采配を振るった野村克也氏の言葉です。この言葉をふっと思い出すたびに、「リーダーは、いつまでも自分の力を磨き続ける努力をし続けなければならない」と、自戒を込めて、噛みしめながら、学校経営に関する省察を重ねています。

第15章

新たな学校改善理論の構築に向けて

大石幸二

　教師の専門職能の持続的発達とそれを支える仕掛けを、学校・教育委員会・大学（教職大学院）が三位一体となって進める必要があります。そうすることで、教師が観察・理論化・指導の循環を、省察と共に進め、教室での指導を現場研修として機能させることができます。特に、児童生徒の学業達成への影響を慎重に検討していくことが当面の課題になります。そして、新たな学校改善の理論創出の第一歩を踏み出さなければなりません。

1　学校でのパフォーマンスフィードバックのさらなる活用

　本書で繰り返し説明しているように、障害ないし特別な教育的ニーズをもつ子どもたちの学習と活動参加を最大化するために、わが国では 2007 年に学校教育法の一部が改正されました。特殊教育から特別支援教育への第一歩を切ることになった公法の改正がこれです。サラマンカ宣言から早くも 13 年近くが経過しての改正でした。この公法の改正からさらに 15 年が経過していますが、なお、幼児・児童生徒に対して、教師が抱く学習指導上の悩みは深いままです (藤井, 2011；柳澤他, 2015)。集団の中で特別な教育的ニーズを有する児童生徒にもわかる・できるを体験させるような授業実践は、全ての教師の手中に納められていないようです。

　児童生徒に対する学習指導上の悩みを解消し、全ての子どもたちの学習と活動参加を最大化するための学校現場での直向きな努力が続けられています。このような動向の中で、学習指導場面における幼児・児童生徒と教師間の相互作用を的確に捉え、授業改善を支え、学校変革を推し進めるような精緻な理論の登場が切望されています。そして、授業改善を支え、学校変革を推し進めるような相互作用は、第 5 章で言及した「相互強化」となることが理想的です。この相互強化を基盤とすることにより、授業改善を進め、学校変革を推進する取り組みの長期的な維持が可能となります（応用行動分析の基本的な分析枠の考え方によります）。ところが、そのような学校変革を引き起こす理論は、いまだ十分には精緻化されてはいません。そのため、教師間・学校間・地域間の格差は、相変わらず温存されたままとなっているのです。このことは、公教育ではあるものの、生まれる家庭、過ごす地域、通う学校、受け持つ教師によって、学習の成果が異なってしまうという帰結を導くことになりかねません。これは深刻な教育問題です。

　外国に目を転じると、Greer（1997）は、教師が指導方法を工夫し、その効果的な運用を長期間にわたって維持することにより学校変革を達成できるとしています。そのため、教師には絶えず学び続けることが求められているのです。教師には、絶えず学び続けることが求められているという認識は、第 10 章にて示した中央教育審議会・令和の日本型学校教育を担う教師の在り方特別部会

（2021）でも共有されていました。ところが、教師の学びを補強して、教師が生き生きと活躍できる環境を整備することについては、一切の具体的な言及がありませんでした。Greer（1997）の展望の中には、教師の学びを補強するためのシステムが含まれています。この教師の学びを補強するシステムこそが外的フィードバックです。

　第1章で、学校改善を引き起こす理論を包括的に論じた際に紹介したのがVisscher & Coe（2002）が提案した外的フィードバックのシステムでした。Visscher & Coe（2002）は、この外的な随伴性のことを学校パフォーマンスフィードバック・システム（School Performance Feedback Systems: SPFSs）と名づけました。SPFSs は、教師が学び続け、幼児・児童生徒との相互作用を見直し、授業改善を通じて学校変革を達成するために必要不可欠なシステムであるとされています。したがって、中央教育審議会・令和の日本型学校教育を担う教師の在り方特別部会（2021）が言う、教師の資質・専門性向上を具現化するとしたら、必要不可欠なシステムである SPFSs を、早急に整備しなければなりません。さもなくば令和の日本型学校教育の実現は、遅々として進まないことになるでしょう。しかしながら、SPFSs を学区や自治体規模で整備して、幼児・児童生徒の社会・情緒的スキルの向上や学業達成の促進に及ぼす影響を評価しつつ、教育政策につなげる成功的な研究は、現時点において、わが国では確認できませんでした。このため、学校でのパフォーマンスフィードバックが、教師の持続的な専門職能発達に及ぼす影響を評価し、効果的な学習環境の構築への寄与を確認し、幼児・児童生徒の社会性と情動、および学業における肯定的な変容につながるのかを学区のレベルや自治体規模で確認することが、喫緊の課題となっています。それ故に、パフォーマンスフィードバックを、学校において教師が行う教室での指導や児童生徒と教師間の相互作用に積極的に応用していくことが、今後推進していくべき課題となっています。

2　パフォーマンスフィードバック研究の到達点

　世界に目を転じると、パフォーマンスフィードバックを、教室での日常的な営為に積極的に応用している事例が見られ、知見が蓄積されています。代表的なものとして、Alvero et al.（2001）の例を第1章において挙げました。

Alvero et al. (2001) は、パフォーマンスフィードバックを、将来の行動（取り組み）を誘発するプロンプトとしました。新たな行動を成立させようとする場合に、プロンプトは促進的な意味をもちます。プロンプトとは、行動を方向づけたり、行動を明確にしたりするためのきっかけとなるものだと第1章で説明しました。また、望ましい行動（取り組み）を動機づけ、維持や般化をもたらす強化子としての側面もあると述べています（Alvero et al., 2001）。強化子となるもの（要因）は、児童生徒の社会・情緒的スキルの向上や学業達成の促進的要因になります（少なくとも、理想的には、そのようであることが望ましいと思われます）。ただ、そのためには、児童生徒の“ミリメートル”単位のわずかな変化に感受性鋭く気づき、それらの変化を喜びに変えながら、省察を重ねようと動機づけられる、教師の行動習慣が形成される必要があります。この仕掛けを構築することも、今後検討を重ねるべき課題となります。なお、この仕掛けは教師が生き生きと活躍できる環境を整備することの内実を示していると思われます。

　近年発表された教師へのパフォーマンスフィードバックのレビュー（Royer et al., 2019; Schles & Robertson, 2019）は、フィードバック対象とすべき教師の行動を示唆しています。このように、行動の観察と記録、それから機能分析の対象を明確にすることは、パフォーマンスフィードバックを浸透・推進するための第一歩となります。Royer et al. (2019) は、観察事実（証拠）に基づき行われた教師の取り組み（計12編）を整理し、児童生徒の学業課題への従事を引き出す指示やデモンストレーション、課題従事が生じたことへの言語賞賛やポジティブなコメントがフィードバックの対象として重要であると指摘しました。Royer et al. (2019) の教師の教室での指導の質的向上、教室での授業改善、学校変革の努力を行動として成立させる要因（行動のABC）に関連しています。また、Schles & Robertson (2019) は、幼稚園から高等学校の代表的な論文5編を詳細に分析し、明確な課題の指示、見本提示を含む効果的な教授、児童生徒の発話の拡張、指示への応答に対する強化子の準備、随伴的模倣（特に幼児の場合）、言語賞賛をフィードバックの対象として、抽出しています。Schles & Robertson (2019) のまとめも、Royer et al. (2019) と同様、行動の成立条件を説明するものです。これらを行動指標として、機能分析を着

実に推進することは、学校が課題解決力を得て、チームとしての学校の機能を高めるために必要なことだと考えられます（大石，2022）。

　一方、教師の指導行動に対するパフォーマンスフィードバックが、効果的な学習環境設計に及ぼす影響については、Fuch & Fuch（1986）の創発的なメタ分析の結果があることも、第1章で説明しました。メタ分析とは、特別に設定された評価の観点に基づき実証的研究を統計学的に再検討して、効果の大きさなどについて指摘しようとする統計解析の手法のことでした。メタ分析を行うことにより、これまで指摘されたさまざまな要因の中で、何が効果的であるかを比較検討することが可能となります。先に示した Fuch & Fuch（1986）のメタ分析は、特別支援教育の対象児を含む学級集団に、教師が専門性に基づく配慮を行った場合の効果量が、教師が行動コンサルテーション（外的フィードバック）を受けた場合に、行動情緒・学業の両面において 0.7 を上回り（最大値は 1.0）、それらを受けなかった教師の場合の 0.4 をはるかに凌いでいたとの報告を行っています。この結果は、教師が外的フィードバックを受けることで教室での経験を生かし、授業改善を達成し、児童生徒に望ましい影響を及ぼすことができることを示唆しています。

　一方、Bangert-Drowns et al.（1991）が 40 編の研究論文に対して行ったメタ分析によると、教師の授業改善に及ぼすパフォーマンスフィードバックの効果は高いこと（効果量：0.65 以上）が確認されましたが、児童生徒の学業成績への影響は一貫していませんでした（効果量：0.4 〜 0.7）。このことから、児童生徒の行動情緒面に及ぼす影響と、学業達成や学業成績に及ぼす影響とは、異なる径路を辿って（作用メカニズムを介して）もたらされている可能性があります。また、児童生徒の行動情緒面や社会情動的スキルについては教師の関わりの主効果があるものの、学業達成や学業成績には他に関連する変数があり、それらの変数との交互作用により変化するものだと考えられるかもしれません。

　Fuch & Fuch（1986）と Bangert-Drowns et al.（1991）の結果を総合すると、学校でのパフォーマンスフィードバックや行動コンサルテーションなどの外的フィードバックを実施することは、教師の指導行動を変容させる可能性はきわめて高そうだということがわかります。そして、この外的フィードバック

の取り組みにより、少なくとも、児童生徒の行動情緒（たとえば、社会・情動的スキルなど）は望ましい方向に変化しそうであることもわかってきました。ただ、学業成績の向上など学業への影響度については、必ずしも一貫した知見は得られていない、ということだと思われます。したがって、今後、学校でのパフォーマンスフィードバックや行動コンサルテーションを用いて学校改善を引き起こそうとする場合には、児童生徒の学業達成への影響について、慎重に検討していくことが課題となります。その際、第 5 章で述べたような中学校における取り組み（従前の学校の強みや実績を生かしながら、インクルーシブ教育の同じ場で、共に学び合うことの実現に向けた努力）を参考にしていくことが期待されます。なぜならこれらの中学校では、学業達成に関する成果が社会情動的スキルとともに、検出されていたからです。

3　今後の学校改善に向けた提案

　前節までに、今後の学校改善の課題について学校の教師が行う教室での指導や児童生徒と教師間の相互作用に、パフォーマンスフィードバックを積極的に応用していくことを指摘しました。また、応用の際は、行動指標を明確にして、その機能分析を着実に推進することで学校の課題解決力とチームとしての機能を高めることを留意すべきであると記しました。さらに、学校の機能を高めて学校改善を引き起こそうとする場合には、いまだ結論が導かれていない児童生徒の学業達成への影響について慎重に検討していくことが課題となることも追記しました。

　このような課題は、まさに、教師が学び続けることができ、生き生きと活躍できる環境を整えて、児童生徒と社会に望ましい影響をもたらすということを実現するために、解決が求められているものです。そして、①学校改善のための応用、②教育実践のさらなる補強、③児童生徒の学業達成の実現を目指してこれらの課題を解決する必要があります。そして、①学校改善を見据えた技法の応用、②学校体制を含む教育実践の強化、③児童生徒の学業達成への影響のウォッチを進める上で、学校現場と大学との連携と協働は（少なくとも、①〜③の営為が内製化するまでは）必要不可欠なものだと考えられます。そして、その連携の中で、実践研究を生むことが重要です。第 5 章で示された成功事例は、

いずれも教職大学院における教師と研究者の協働的な取り組みにより実践と理論の往還が達成されていました。このことは、第3章で紹介した実践のサイクルを内包する「現場研修」を具現化するための方策であると捉えることができます。また、第4章で紹介した教員養成系大学や教職大学院に求められる役割や期待と大いに関わりがあります。特に特別支援教育をめぐる理論と実践の往還をめぐる議論は、注目に値するものです。

　本節ではさらに議論を前に進めて、学校変革のための理論の精緻化のために必要な取り組みについて展望してみたいと思います。換言すると、教師の専門職能の持続的発達とそれを支える仕掛けの解明を目指し、観察・理論化・指導の循環を教師が辿ることを強化し、教室での指導を現場研修として機能させ、教師の専門職能を飛躍的に発達させる環境を設えるための基本的条件を明らかにする実践研究の提案を行います。これは、新たな学校改善・学校変革の理論を導き、それを精緻化するための手順を示そうとするものです。

　図15-1に示す通り、学校変革を導くための理論を精緻化するための実践研究の提案（手順）を模式化してみました。すでに繰り返し述べていますが、教師が教室で生じる事象をつぶさに捉える感受性と柔軟性を高め、教師の関わりの効果を検証するための省察が行動習慣として身についている必要があります。このことについては、文部科学省も、養成・採用段階において教員養成課程や教育委員会の力を借りることが必要であると認識しています。よって、それらを前提条件としながら、教師の資質を高めるための取り組みをまず行う必

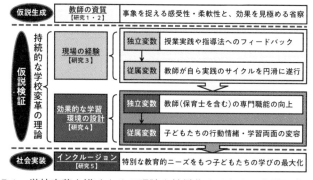

図15-1　学校変革を導くための理論を精緻化するための実践研究の提案

要があります。これは、仮説生成段階の取り組みということができます。

　続いて感受性鋭くしかも柔軟性高く教室で生じる事象を捉えることができ、省察により日々の教室での指導を後進するための資質に恵まれた教師が、現場で経験したことを、とりもなおさず新たな実践に役立てるための学校（文化や風土）を設定していくことが求められます。その際、指導実践や指導法に対する外的なフィードバックを基にして、教師が実践のサイクルを辿り、現場研修を実現することが可能かどうかを調べなければなりません。それは同時に、行動コンサルテーションや学校でのパフォーマンスフィードバックを行う人材の育成と資質向上の取り組みが必要であることを示唆します。現場の経験が意味をもつように学校を設えることができたら、教師の専門職能（特に、インクルーシブな教室環境において効果的な教授技術）が発揮されることにより、児童生徒の行動情緒・学業両面の変容が生じるかを検証する作業に移ります。特に学業適応・学業達成については、一貫した研究知見が得られていないために、注意深く調査を進めていく必要があると思われます。そのようにして、児童生徒にとって効果的な学習環境の設計が実現するかを検証します。これらは、仮説検証段階の作業、すなわち、理論の精緻化の核心ということになります。なお、理論の精緻化とは理念として重要な価値観を確かな技術により具現化し、優れた理論に仕上げることです。具体的には、教師が「現場の経験」をどのように積めば、指導行動の持続的な変容を導くかを調べた上で、この指導行動の変容が一人一人の幼児・児童生徒の行動情緒・学習両面に、実際に及ぼす影響をデータに基づいて確認し、これにより「効果的な学習環境の設計」の実現可能性を予測することになります。

　このようにして、教師が備える感受性・柔軟性と省察力を生かし、現場研修が回せるチームとしての学校の取り組みにより、児童生徒の社会・情動的スキルと学業スキルが高まるということを確認し、そのための条件を認識したら、いよいよ教育におけるインクルージョンを全国津々浦々に波及するための社会実装段階の取り組みに舵を切ることになると思います。そのような社会実装が社会資源の豊富さやマンパワーの多寡によらずに実現するならば、持続的な学校変革を引き起こすための理論の価値は、たいへん高いものになることでしょう。

　以上の取り組みを、学校、教育委員会、大学・研究所が三位一体となって進めることにより、新たな学校改善の理論の創出に向けて一歩を踏み出すことが可能になると思われます。理論と実践の往還というキーワードは、現代的意義をもつ価値ある取り組みであり、特別支援教育の深化やインクルーシブ教育の浸透化の中で、理論と実践の往還を助ける学校改善の理論の創出がいままさに求められているのです。

引用文献

Alvero, A. M., Bucklin, B. R., & Austin, J. (2001) An objective review of the effectiveness and essential characteristics of performance feedback in organizational settings (1985-1998). *Journal of Organizational Behavior Management, 21*, 3-29.

Bangert-Drowns, R. L., Kulik, C. C., Kulik, J. A., & Morgan, M. T. (1991) The instructional effect of feedback in test-like events. *Reveiew of Educational Research, 61*, 213-238.

中央教育審議会・令和の日本型学校教育を担う教師の在り方特別部会 (2021) 令和の日本型学校教育を担う新たな教師の学びの姿の実現に向けて（審議まとめ）.

Fuch, L. S., & Fuch, D. (1986) Effects of systematic formative evaluation: A meta-analysis. *Exceptional Children, 53*, 199-208.

藤井義久 (2011) 悩んでいる教師の発見とその支援の在り方に関する研究―「教師悩み尺度」の開発を通して. 学校メンタルヘルス, **14**, 61-72.

Greer, R. D. (1997) The comprehensive application of behavior analysis to schooling (CABAS®). *Behavior and Social Issues, 7*, 59-63.

大石幸二 (2022)「育ち」と「学び」の自立・自律支援. 教室の窓（東京：東京書籍）, **66**, 8-9.

Royer, D. J., Lane, K. L., Dunlap, K. D., & Ennis, R. P. (2019) A systematic review of teacher-delivered behavior specific praise on K-12 student performance. *Remedial and Special Education, 40*, 112-128.

Schles, R. A., & Robertson, R. E. (2019) The role of performance feedback and implementation of evidence-based practices for preservice special education teachers and student outcomes: A review of the literature. *Teacher Education and Special Education, 42*, 36-48.

Visscher, A. J., & Coe, R. (2002) *School improvement through performance feedback*. London: Routledge.

柳澤良明・七條正典・植田和也・池西郁広・松井保・藤本泰雄 (2015) 学校経営ビジョンと学校管理職のリーダーシップ. 香川大学教育実践総合研究, **30**, 89-102.

執筆者一覧

大石 幸二（おおいし・こうじ）【編集・はじめに・第1章・第3章・第5章・第10章・第15章】
　　立教大学現代心理学部・教授

花生 典幸（はなおい・のりゆき）【第6章・第8章・第11章・第14章】
　　八戸市立小中野小学校・校長

山内 信重（やまうち・のぶしげ）【第2章】
　　神奈川LD協会・統括責任者

須藤 邦彦（すとう・くにひこ）【第4章】
　　山口大学教育学部・准教授

吹越 文代（ふきこし・ふみよ）【第7章】
　　前八戸市立大館中学校・教頭

坂本 真季（さかもと・まき）【第9章共】
　　星美学園短期大学幼児保育学科・専任講師

和田 恵（わだ・めぐみ）【第9章共】
　　立教大学大学院現代心理学研究科

矢野 善教（やの・よしのり）【第12章】
　　作新学院大学女子短期大学部幼児教育科・准教授

野口 和也（のぐち・かずや）【第13章】
　　八戸学院大学短期大学部幼児保育学科・教授

レイアウト：石田 美聡（丸井工文社）
装丁：三好 誠［ジャンボスペシャル］

通常学級における新たな学校改善術
特別支援教育からのアプローチ　　　　　　　　　　　　©2024

2024年 2月1日　初版第1刷発行

　　　　　　　編 著 者　大石　幸二
　　　　　　　著　 者　花生　典幸
　　　　　　　発 行 者　杉本　哲也
　　　　　　　発 行 所　株式会社学苑社
　　　　　　　東京都千代田区富士見2－10－2
　　　　　　　電話　03（3263）3817
　　　　　　　Fax　03（3263）2410
　　　　　　　振替　00100－7－177379
　　　　　　　印刷・製本　株式会社丸井工文社

検印省略

ISBN978-4-7614-0850-3　C3037

特別支援教育

「子どもの気持ち」と「先生のギモン」から考える

学校で困っている
子どもへの支援と指導

日戸由刈【監修】
安居院みどり・
萬木はるか【編】

B5 判●定価 2200 円

先生のギモンや子どもの気持ちの背景にある発達特性を知り、適切な支援につなげることができれば、先生も子どもも、もっと楽になるはず！

発達支援

感覚と運動の高次化理論
からみた発達支援の展開

子どもを見る眼・発達を整理する視点

池畑美恵子【著】

B5 判●定価 2420 円

「感覚と運動の高次化理論」を通した子どもの読み取り方から臨床実践までを整理した 1 冊。「高次化理論」初学者に最適な書。

特別支援教育

「自分に合った学び方」
「自分らしい生き方」を見つけよう

星と虹色なこどもたち

星山麻木【著】
相澤るつ子【イラスト】

B5 判●定価 2200 円

さまざまな特性のある、こどもたちの感じ方・考え方を理解し、仲間同士で助け合うための方法を提案。一人ひとりのこどもを尊重するために。

発達障害

学校や家庭でできる！

SST& 運動プログラム
トレーニングブック

綿引清勝・島田博祐【編著】

B5 判●定価 2090 円

「ソーシャルスキルトレーニング」と「アダプテッド・スポーツ」の専門家が提案する学校や家庭で今日からできる 50 の実践プログラム。

保護者支援

教師のための保護者と創る
学校「交渉術」読本

インクルーシブな私の教室づくり

有川宏幸【著】

A5 判●定価 2420 円

「去年の担任のほうがよかった？」と言われたら……「あざとい戦略」とは……保護者とうまくやっていく秘訣、ここにあります。

いじめ

発達障がいといじめ

発達の多様性に応える予防と介入

小倉正義【編著】

A5 判●定価 2970 円

いじめへの「認識と実態」「予防」、そして「介入」までを解説し、発達障がいのある子どもたちをいじめから守る方法を探る。

税 10%込みの価格です

 学苑社　Tel 03-3263-3817　〒 102-0071 東京都千代田区富士見 2-10-2
Fax 03-3263-2410　E-mail: info@gakuensha.co.jp　https://www.gakuensha.co.jp/